Biblioteca Âyiné 11

A PIADA JUDAICA
UM ENSAIO COM EXEMPLOS
(POUCO ENSAIO, MUITOS EXEMPLOS)
Devorah Baum

Título original *The Jewish Joke. An Essay with Examples (Less Essay, More Examples)*

© Devorah Baum, 2017
© Editora Âyiné, 2021
Todos os direitos reservados

Tradução Pedro Sette-Câmara

Preparação Luis Eduardo Campagnoli

Revisão Fernanda Alvares, Juliana Amato, Luisa Tieppo

Imagem da capa Julia Geiser

Projeto gráfico Renata de Oliveira Sampaio

ISBN 978-65-86683-78-3

Editora Âyiné
Belo Horizonte · Veneza

Direção editorial Pedro Fonseca

Assistência editorial Érika Nogueira Vieira, Luísa Rabello

Produção editorial André Bezamat, Rita Davis

Conselho editorial Simone Cristoforetti, Zuane Fabbris, Lucas Mendes de Freitas

....

Praça Carlos Chagas, 49 – 2º andar
30170-140 Belo Horizonte – MG
+55 31 3291-4164
www.ayine.com.br
info@ayine.com.br

A piada judaica
Um ensaio com exemplos
(Pouco ensaio, muitos exemplos)
Devorah Baum

Tradução de Pedro Sette-Câmara

INTRODUÇÃO

9   Qual a diferença entre um *schlemiel* e um *schlimazel*?

MENOS CONVERSA, MAIS EXEMPLOS

23   Qual a diferença entre um judeu e outro judeu?

27   Qual a diferença entre um judeu e um gentio?

33   Qual a diferença entre um judeu e um comediante?

39   Qual a diferença entre um judeu e um papagaio?

49   Qual a diferença entre um judeu e um antissemita?

53   Qual a diferença entre o que é piada e o que não é?

59   Qual a diferença entre uma bênção e uma maldição?

63   Qual a diferença entre um bom negócio e um mau negócio?

69   Qual a diferença entre um alfaiate e um psiquiatra?

73   Qual a diferença entre a moralidade e a neurose?

77   Qual a diferença entre uma judia e uma *shiksa*?

89	Qual a diferença entre uma mãe judia e uma sogra judia?
101	Qual a diferença entre um comediante judeu e uma comediante judia?
107	Qual a diferença entre um rei e um mendigo?
113	Qual a diferença entre judeus e israelenses?
121	Qual a diferença entre a vida e a morte?
127	Qual a diferença entre a Trindade e o Todo-Poderoso?
133	Qual a diferença entre o homem e Deus?
139	Qual a diferença entre uma piada boa e uma piada ruim?
145	Qual a diferença entre a comédia e a teologia?
149	Qual a diferença entre judeu e *goy*?
155	Qual a diferença entre esportes e piadas?

E POR FIM...

161	Qual a diferença?

INTRODUÇÃO

Qual a diferença entre um
schlemiel e um *schlimazel*?

A piada judaica é tão antiga quanto Abraão. Assim como os próprios judeus, ela errou pelo mundo, aprendeu vários idiomas, trabalhou com muitos materiais diferentes e se apresentou para plateias bem hostis. Que ela tenha conseguido, na maior parte, adaptar-se e sobreviver em pastagens novas e entre pessoas novas não é pouca coisa. As piadas não costumam funcionar direito quando transportadas. E muitas coisas que um dia pareceram engraçadas deixam de ser. Porém, as piadas judaicas, ou a maioria delas, têm uma capacidade impressionante de continuar funcionando. A popularidade de um programa de TV recente, *Old Jews Telling Jokes* [*Judeus velhos contando piadas*], se vale disto: as piadas e os piadistas podem ser velhos, mas ainda «estão com tudo». Porém, *por que* eles ainda estão com tudo? Não existe uma última risada? Até que ponto uma piada pode realmente envelhecer?

«Como diz uma velha piada», diz Alvy, personagem de Woody Allen no monólogo de abertura de *Noivo neurótico, noiva nervosa* (*Annie Hall*, 1977):

Hm, duas senhoras de idade estão num hotel nas montanhas Catskill, e uma delas diz: «Olha, mas é horrível a comida desse hotel». A outra diz, «Pois é, eu sei, e... vem tão pouco». Bem, é assim que eu me sinto, essencialmente, em relação à vida. Ela é cheia de solidão, de tristeza, de sofrimento, e de infelicidade, e ainda por cima acaba rápido demais.

Mas qual é, afinal, a velha piada aqui? É a *punchline*, que ainda funciona, sobre «vir tão pouco»? Ou será que é o jeito de contar a piada de modo tão hesitante, que a *punchline* é atropelada pela neurose do piadista? Estamos rindo junto com o comediante ou estamos rindo dele? Estamos rindo do *ha ha* engraçado ou da peculiaridade engraçada? Ou será que estamos achando engraçado algo mais triste? Será que estamos rindo, por exemplo, da maneira como a piada é levada a sério por um piadista que, assim que acaba de contá-la, acrescenta um comentário detalhando uma visão existencial do mundo – visão essa com um fundo melancólico?

«A... a outra piada importante, para mim», segue cambaleando Alvy,

...é uma que, ahn, costuma ser atribuída a Groucho Marx, mas acho que ela apareceu primeiro em «O chiste e sua relação com o inconsciente»,[1] de Freud. E é assim – vou parafrasear: Ahn... «Eu nunca pertenceria a nenhum clube que me aceitasse como membro». Essa é a piada-chave da minha vida adulta no que diz respeito aos meus relacionamentos com as mulheres. Tsc, sabe, ultimamente têm passado coisas estranhíssimas pela minha cabeça, porque eu completei quarenta anos, tsc, e acho que estou passando por alguma crise na vida, alguma coisa assim, não sei direito. Eu, ahn... e eu não estou preocupado com a idade, não sou desses, você sabe. Eu estou ficando um pouco calvo aqui em cima, e isso é o pior que você pode dizer de mim. Eu, ahn, eu acho que vou ficar melhor à medida que envelhecer, sabe? Acho que vou ser aquele tipo calvo mas viril, sabe, em vez de, vamos dizer, assim, o grisalho distinto, por exemplo, sabe? A menos que eu não seja nenhum dos dois. A menos que eu vire um desses loucos com saliva escorrendo da boca, que entra num café segurando a sacola de compras, falando de socialismo aos berros.

Um belo de um *shtick*: divaga, interpreta, reclama. E tem memória comprida também, tratando uma «piada importante» como se

....

1   «O chiste e sua relação com o inconsciente» (1905), de Sigmund Freud, é um sóbrio estudo psicanalítico das piadas e de outros usos do humor. A maior parte das piadas que Freud oferece como exemplos são piadas judaicas.

fosse um trecho das escrituras, a ser rastreado, primeiro, até sua fonte cômica anterior (Groucho) e depois até uma fonte acadêmica, ainda mais antiga (Freud – embora eu não o tenha visto ali). Mas quem nesse planeta quer ouvir um *shtick* desses? Não é consenso que se deve parar uma piada na *punchline*? Ninguém quer ouvir *explicações* de piadas, quer?... A menos que explicar a piada seja parte da piada – ou parte da piada *judaica*?

Alvy, acima, não menciona a judeidade em momento nenhum. Mesmo assim, é difícil não a detectar, por exemplo, na piada a respeito de pertencer a clubes. Afinal, para entender por que esse piadista conta essa piada desse jeito em particular, colocando-a no contexto de sua herança judaica – Freud e (Groucho) Marx –, você certamente precisa de uma percepção irônica dos judeus como essencialmente membros de um clube ao qual eles só pertencem na medida em que resistem a ser membros. Não por acaso, a crise na vida de Alvy, por exemplo, começou porque ele não conseguia ter um relacionamento nem com uma judia *nem* com uma *shiksa* (uma mulher não judia). Porém, se o *shtick* soa judeu, então o comediante também soa judeu, o comediante cujo rosto de óculos aparece grande no centro da tela, os olhos encarando a câmera, como se a piada fosse com a plateia do cinema, que se vê abordada por uma figura não lá muito cinematográfica, assegurando-lhe energicamente de que ele é um homem na flor da idade, agora e para sempre o «tipo calvo mas viril». Ha!

Claro, em 1977 Woody Allen era de fato um homem na flor da idade, e ele estava pegando a arte da comédia, não muito respeitada, e transformando-a em algo inteligente, sério e sublime. Foi o que ele fez tendo o dom do comediante para um excelente *timing*. Exatamente quando os arcabouços tradicionais e as instituições religiosas da vida judaica estavam perdendo o apelo para uma nova geração determinada a livrar-se das cadeias do velho e pôr em seu lugar a nova ordem liberal com toda a sua glória e complexidade, Allen mostrava às plateias que ele conhecia e compreendia o valor crucial de saber medir o tempo:

> Tenho muito orgulho do meu relógio de ouro de bolso. Meu avô, no leito de morte, me vendeu esse relógio.[2]

> Você é tão bonita que nem consigo ficar de olho no taxímetro.[3]

> Mais do que em qualquer outro momento da história, a humanidade está numa encruzilhada. Um caminho leva à angústia e ao total desespero. O outro, à extinção completa. Oremos para que tenhamos a sabedoria de fazer a escolha certa.[4]

---

2 *Stand Up Comic: 1964-1968*.

3 *Manhattan* (1979).

4 *New York Times*, «My Speech to the Graduates» (1979).

Em outras palavras, ele mostrou que tomava o pulso não apenas do momento presente, mas também do momento histórico. Porque, *na verdade*, não é o relógio de ouro nem o taxímetro que dizem ao comediante o valor do tempo. É a capacidade de sentir as expectativas narrativas da plateia e a capacidade de embaralhá-las com uma súbita reviravolta ou mudança de direção: aquilo que, no ofício do humor, é conhecido como *switcheroo*. Assim, onde esperamos um presente ganhamos uma liquidação, onde esperamos romance ganhamos realismo, onde esperamos um sim ganhamos um segundo não. Ou seja, o comediante é a pessoa que revela isso para nós, que revela que as coisas podem mudar quando você menos espera.

E as coisas mudam *mesmo*. Assim, nas palavras da jovem comediante americana Lena Dunham:

> Com o tempo, minha fé em muitas coisas vacilou: no casamento, na vida após a morte, em Woody Allen.[5]

É palpável a consternação de Dunham diante do telhado de vidro de seu herói da comédia. Porém, ao dizê-lo ela também nos dá uma grande frase — uma frase que faz pensar *em* Woody Allen, cuja cadência cômica ela recorda, ao mesmo tempo que nos lembra

---

5 *Not That Kind of Girl: A Young Woman Tells You What She's «Learned»* (2014).

das principais preocupações de Allen: o casamento, a vida após a morte, ele próprio. Assim, será que isso significa que – ironia das ironias! – Allen *tem* uma vida para além dele próprio? Será que toda aquela comédia woodyesca – a angústia sexual, a contemplação do próprio umbigo – terá um futuro jovem, *hipster, feminino*?

Quando as coisas atingem o ponto de crise, como acontece com frequência na história judaica, o costume judaico é voltar às fontes tradicionais em busca de inspiração. Segundo o Zohar, texto fundacional do misticismo judaico, a maior piada na Bíblia hebraica é aquela em que Deus diz a Abraão para sacrificar Isaac, seu «único filho». Isaac, cujo nome em hebraico significa «riso», por causa do riso de sua mãe, Sarah, ao saber que, com noventa anos, seria mãe pela primeira vez – essa é ótima! –, não era na verdade o «único filho» de Abraão. Ele também tinha um filho chamado Ismael. Porém, três vezes na história bíblica Deus insiste que Isaac é o «único filho» a ser sacrificado. Então, no último instante, um anjo segura a mão de Abraão e recomenda que ele sacrifique um carneiro no lugar de Isaac. Ou seja, um *switcheroo* clássico. E, olha, Abraão realmente caiu nessa. O Deus dos judeus claramente é chegado numa boa tirada. É o Deus que ri alto quando, como diz a velha piada, você conta para Ele os seus planos.

Franz Kafka, autor sombriamente engraçado, detectou na mesma história um esquema da comédia judaica. Outra vez, a piada é feita à custa de Abraão, que agora aparece menos como um «cavaleiro da fé» – como no apelido que o filósofo protestante (também sombriamente engraçado) Søren Kierkegaard lhe deu[6] – e mais como um *schlemiel*. Como diz Kafka:

> É como se, ao fim do ano, quando o melhor aluno está solenemente prestes a receber um prêmio, bem naquela expectante imobilidade o pior aluno se levantasse e fosse de sua carteira imunda na última fileira até a frente de todo mundo porque não tivesse ouvido direito, e a turma inteira caísse na gargalhada. E talvez ele não tivesse se enganado de jeito nenhum, talvez seu nome tivesse sido realmente chamado, tendo sido a intenção do professor recompensar o melhor aluno na mesma hora em que punia o pior.[7]

O Abraão de Kafka foi escolhido não para o elogio, mas para o escárnio. Ele é o *schlemiel* completo que, andando orgulhosamente até a frente da turma para aceitar seu «prêmio», ainda não percebe que as outras crianças já estão rindo da placa «chute-me» presa nas suas costas.

....

6   Porém, ao afirmar que se chega à fé abraâmica «em virtude do absurdo», *Temor e tremor* (1843), de Kierkegaard, claramente enxerga também algum humor nessa aventura.

7   Isso pode ser encontrado em *Parables and Paradoxes* [Parábolas e paradoxos], de Kafka.

Então é *isso* — uma espécie de «Introdução ao Bathos» — o que explica a miraculosa longevidade da piada judaica? Será que o panteão inteiro da comédia judaica, com todo o desfile de seus patetas — seus *schmucks*, *schlemiels*, *schlimazels*, *schnorrers*, *schmendricks*, (sch)mães (os judeus têm tantas palavras para pateta quanto há palavras inuítes para neve) —, amplia essas várias diferenças apenas para disfarçar o fato maior de que todo e qualquer judeu que responda a essa alcunha não apenas «entende» a piada, mas é protagonista dela?

Ou, dizendo de um modo um pouco diferente:

PERGUNTA: Como você sabe a diferença entre um *schlemiel* e um *schlimazel*?

RESPOSTA: O *schlemiel* é aquele que escorrega e derrama a sopa *em cima* do *schlimazel*.[8]

E, numa piada, um pequeno escorregão pode fazer toda a diferença. Não que seja possível impor limites ao que é escorregadiço. Afinal, por mais diferentes que sejamos

....

8 Do iídiche *shlim* (mau, errado), e *mazi* (sorte). Se no iídiche americano *schlimazel* quase sempre alude a um fracassado nato, no iídiche britânico o termo com a mesma frequência refere uma situação complicada. Em junho de 2004, *schlimazel* foi votada uma das dez palavras não inglesas mais difíceis de traduzir por uma empresa britânica de tradução.

uns dos outros, certamente somos todos semelhantes nisto: nossas identidades não são tão fixas, quanto ao lugar que por acaso ocupamos em relação a todos os demais em determinado momento. Assim, se, segundo Kafka, os judeus são os maiores *schlemiels* da história, então isso não os torna assim *tão* diferentes. Isso os torna uma metade de um ato duplo de comédia eternamente reencenado em que, como veremos, todos os outros judeus, os gentios, os chineses e até Deus não conseguem deixar de ser um pouco melodramáticos.

Os chineses?

Sim. Os judeus distinguem os chineses de todos os outros gentios porque a) a China fica muito longe de onde se encontra a maioria dos judeus, e b) a cozinha chinesa tem uma posição privilegiada na *Weltanschauung* judaica (apenas em restaurantes chineses os judeus podem abandonar as leis alimentares judaicas):

Um judeu e um chinês estavam conversando. O judeu comentou que os chineses eram um povo muito sábio.

«Sim», respondeu o chinês. «Nossa cultura tem mais de quatro mil anos. Mas vocês, judeus, são também um povo muito sábio.»

O judeu respondeu: «Sim, nossa cultura tem mais de cinco mil anos.»

O chinês ficou incrédulo: «Impossível», respondeu. «Onde é que o seu povo comeu durante mil anos?»

Mais recentemente, porém, os chineses também foram apresentados à cozinha judaica:

Ao sair de um restaurante *kosher*, um cliente chinês diz a outro: «O problema da comida judaica é que dois dias depois você já está com fome de novo.»[9]

---

9 As piadas que incluí neste livro pertencem a duas categorias: as que ilustram os argumentos do ensaio e as que, como essa, não têm uma posição clara neste ensaio, mas eram boas demais para deixar de fora.

MENOS CONVERSA,
MAIS EXEMPLOS

Qual a diferença entre um judeu e outro judeu?

Você já deve ter ouvido falar que, onde houver dois judeus, haverá também três opiniões. É porque os judeus não discordam só dos gentios ou uns dos outros: eles discordam até de si mesmos.

Um judeu está naufragado numa ilha deserta. Anos depois, um navio passa, percebe a fogueira, para e vai resgatá-lo. Quando o capitão chega à praia, o naufragado agradece profusamente e se oferece para levar o capitão para conhecer a ilha. Ele mostra as armas que fez para caçar, o forno improvisado em que cozinha, a sinagoga que construiu para rezar, a rede em que dorme. De volta para o navio, porém, o capitão repara numa segunda sinagoga. «Não estou entendendo», diz o capitão. «Por que construir duas sinagogas?» O judeu responde, apontando para uma delas: «Esta aqui é a sinagoga que eu frequento. E aquela», diz, apontando para a outra, «é a sinagoga em que eu não entro nem morto.»

O que é essencialmente judeu? É estar em conflito consigo mesmo. É orgulhar-se de ser diferente *e* sentir-se envergonhado disso ao mesmo tempo. Talvez seja esse o motivo pelo qual a autodepreciação tenha um papel tão importante no humor judaico – aliás, a tal ponto que Freud chegou a se perguntar «se havia muitos outros exemplos de povos que zombavam tanto assim de sua própria natureza».

E, no entanto, o mais engraçado na autodepreciação judaica é o orgulho que os judeus estão acostumados a ter dela:

> Estamos no serviço do Yom Kippur, e o cantor de repente para no meio da prece e declara: «Deus, me perdoe! Não posso dizer isso! Sou apenas um nada!» Depois o rabino, no meio do sermão, para e exclama: «Deus, *me* perdoe! *Eu* não sou digno! *Eu* não passo de um nada!» Ao ver isso, o zelador da sinagoga vem correndo lá do fundo: «Se vocês dois que são grandes são indignos de rogar a Deus, então que direito eu tenho, eu que sou tão ordinário! Eu sou um nada completo! Ah! Eu não sou é nada!» Nesse momento, o rabino dá um tapinha nas costas do cantor: «Olha só *quem* está achando que é nada.»

Dois nadas nunca são exatamente iguais. Assim, a piadista assume sua posição modesta, para poder distanciar-se da verdadeira vítima da piada – sempre os *outros* judeus com os quais ela não têm rigorosamente nada a ver:

> Uma mulher está andando de ônibus no centro-oeste americano quando um homem

entra no ônibus e senta ao seu lado. Ele está de chapéu preto, de casaco preto comprido, de calças e sapatos pretos, e tem uma barba escura longa e enrolada.

A mulher olha para ele com repulsa. «Judeus que nem você», ela dispara.

Ele vira os olhos para ela, perplexo, e diz: «O que a senhora disse?»

Ela diz: «Olhe só para você. Todo de preto, com essa barba, nunca tira o chapéu! É por causa de judeus que nem você que pensam mal de nós.»

«Perdão, senhora, mas não sou judeu. Sou *amish*.»

A mulher de repente sorri. «Ah, *que coisa mais querida*! Você preservou seus costumes!

Trata-se efetivamente de uma piada judaica *sobre* a piada de judeu – sobre os tipos de piada que os judeus ocidentais assimilados historicamente contaram para difamar seus parentes mais pobres, os ditos *Ostjuden* (judeus do leste) e, portanto, distanciar-se deles. De fato, considerando a frequência com que as piadas de judeu parecem voltar-se para essas divisões e duplicações dentro da identidade judaica, é o caso de perguntar se a judeidade mesma não teria a estrutura de uma piada.

No resto do livro há mais sobre o que seria sugerido por essa pergunta. Agora, porém, vamos apenas observar que, *como* as piadas, os judeus simplesmente adoram notar a diferença entre as coisas – e especialmente entre si:

PERGUNTA: Como saber a diferença entre um judeu e outro?

RESPOSTA: É só esperar. *Eles* vão te dizer.

Qual a diferença entre um judeu e um gentio?

Contudo, há ocasiões em que os judeus *de fato* formam uma identidade coletiva:

Dois judeus, Moishe e Itzik, estão andando pela floresta na Ucrânia. À distância, eles veem dois caras da região andando na direção deles. Moishe se vira para Itzik, entra em pânico e diz: «Itzik, o que faremos? Eles são dois, e nós estamos sozinhos!»

Existem muitas excelentes candidatas ao posto de piada mais judaica do mundo, mas para mim essa é a primeira. Porque aí estão eles, os proverbiais «dois judeus» — sozinhos no mundo maldoso, sentindo-se fracos e em menor número (independentemente de sua força ou de seus números), no momento em que dois não judeus (obviamente, dois brutamontes) aproximam-se... Aaaaahhh! Perigo! Socorro! O que dois judeus completamente sozinhos podem fazer nessa situação abominável? Contar piadas?

Bem, sim, isso mesmo. Aqui, por exemplo, estão os mesmos dois judeus outra vez enfrentando dificuldades:

Dois judeus estão numa carroça numa estrada estreita. De repente eles chegam a um trecho que está bloqueado por pedras. Eles se sentam, considerando o que fazer, discutindo cada uma das suas opções em detalhes minuciosos. De repente chegam dois gentios em outra carroça, saem dela, arregaçam as mangas e empurram as pedras para fora do caminho.

«Olha, é muito *goy* da sua parte pensar assim», diz um judeu. «Sempre usando a força.»

Aqui, por outro lado, está o pensamento do judeu:

Uma judia num hospital diz ao médico que quer ir para outro hospital.

O médico diz: «Qual o problema? É a comida?»

«Não, eu gosto da comida. Não tenho do que *kvetch* [reclamar].»

«É o quarto?»

«Não, eu gosto do quarto. Não tenho do que *kvetch*.»

«É a equipe?»

«Não, eu gosto da equipe inteira. Não tenho do que *kvetch*.»

«Então por que a senhora quer mudar de hospital?»

«Não tenho do que *kvetch*!»

Kvetch é aquele prazer particular a ser tirado de reclamar mesmo quando as coisas vão bem – porque se há uma coisa de que os judeus têm certeza é que há *sempre* uma negativa.

E, como veremos, há motivos para isso. Não é só que os judeus gostem de *kvetch*, eles também têm uma visão bem sombria do mundo:

PERGUNTA: Quantas mães judias são necessárias para trocar uma lâmpada?

RESPOSTA: Está bem, não se incomode, a gente fica no escuro.

Considerando o ordálio que caracteriza tanto da história judaica, mal chega a surpreender que os judeus *tendam* a ver as coisas de maneira sombria (isso para nem falar do que se poupa em dinheiro quando as luzes estão apagadas[10]). O que piadas como essas também mostram, porém, é que, se o ônus da história judaica foi uma opressão intolerável, essa opressão é acompanhada de uma irreverente leveza cujo objetivo é tornar o intolerável, bem, mais tolerável:

Dois judeus estavam num café, conversando sobre o destino de seu povo.

«Como nossa história é triste», disse um deles. «*Pogroms*, pestes, discriminação, Hitler,

---

10 É difícil resistir, embora essa seja a piada quase antissemita que só os judeus podem fazer e esperar se safar.

neonazistas... Às vezes acho que teria sido melhor se nunca tivéssemos nascido.»

«Verdade», disse o amigo. «Mas quem tem essa sorte? Será que uma pessoa em cada dez mil?»

Assim, não é por nada que aos clientes judeus o garçom tenha de perguntar: «*Alguma coisa* está bem?» Todavia, o melhor é pôr a pergunta do garçom no contexto das piadas que os judeus às vezes gostam de contar sobre suas contrapartidas na comédia – aquelas criaturas particularmente imperturbáveis conhecidas como «gentios»...

Dois gentios esbarram-se na rua.
«Oi, John. Tudo bem?»
«Oi, Freddie. Tudo bem, obrigado.»

Os judeus choram de rir com isso. E esta aqui...

Um gentio telefona para a mãe.
«Oi, mãe.»
«Oi, querido.»
«Não posso ir jantar hoje à noite.»
«Tudo bem. A gente se vê.»

Hilário!

Quanto às mães de *judeus*, ainda lá, sem lâmpada, no escuro («De verdade, está tudo bem aqui no escuro, pode ir lá se divertir...»), bem, ao menos elas podem *kvetch* umas para as outras:

«Ai», diz a primeira.

«Ai, ai», diz a segunda.

«Hmpf», dá de ombros a terceira.

Diante disso, a quarta se levanta da cadeira, zangada: «Achei que tínhamos combinado que *não* íamos falar de filho!»

Qual a diferença entre um judeu e um comediante?

L embra daquele episódio de *Seinfeld* em que o dentista de Jerry se converte ao judaísmo?[11] Jerry está sentado na cadeira do dentista, e o dentista conta uma piada de judeu (não muito boa) sobre bolas de *matzá*:

> Jerry: «Você acha que pode ficar fazendo essas piadas?»
> Dentista: «Por que não? Eu sou judeu também, lembra? Jerry, foi o nosso senso de humor que nos manteve como povo por três mil anos.»
> Jerry: «Cinco mil anos.»
> Dentista: «Cinco mil. Melhor ainda.»

Jerry pensa que o dentista não poderia contar piadas de judeu – são necessários milênios de perseguição para ter esse senso de humor (embora tenhamos de admitir que «Cinco mil. Melhor ainda» é uma ótima piada judaica). Mas será que Jerry tem mesmo direito de *kvetch*? Afinal, embora tenha de ouvir piadas mal contadas de judeu enquanto está deitado na cadeira do dentista

---

11 *The Yada Yada* (episódio televisivo, 1997).

não seja moleza, Jerry não sofreu *pessoalmente* muito dessa história de perseguição. Porém, há algo na conversão de seu dentista ao judaísmo que o perturba. Ele desconfia de que o que o dentista *realmente* quer é o Santo Graal da comédia: «a imunidade para contar qualquer piada». Poder contar qualquer piada que quiser. O que é uma tremenda *chutzpah* [ousadia], e que basta para fazer Jerry ir a um confessionário dedurar o dentista para seu antigo padre:

> Jerry: «Desconfio que ele só se converteu ao judaísmo pelas piadas.»
> Padre: «E isso ofende você enquanto judeu?»
> Jerry: «Não, me ofende como comediante!»

E, se você ainda não tem certeza de *como* saber a diferença entre um judeu e um comediante, então você provavelmente está captando o que me parece a essência do episódio: não é assim tão fácil.

Na verdade, quando o dentista anuncia sua conversão, a resposta de Jerry – «Bem-vindo a bordo!» – é menos de ofensa, ou de alegria, do que de desorientação. Se, de fato, *alguma coisa* marca a diferença entre o judaísmo e os grandes monoteísmos aos quais costuma ser comparado, talvez seja exatamente isto: enquanto cristãos e muçulmanos tendem a enxergar os convertidos à sua fé como pessoas sérias de bom senso, os judeus guardam uma oculta suspeita de que o aspirante a judeu deve estar de brincadeira.

Embora os judeus tenham muitas vezes dificuldade para aceitar que alguém queira converter-se *ao* judaísmo, eles têm ainda mais dificuldade para aceitar aqueles que tentam converter-se *do* judaísmo:

Dois judeus estão caminhando um dia na rua, na Zona de Assentamento, quando passam por uma igreja. Acima da igreja eles veem um grande cartaz que diz «Converta-se e ganhe dez rublos». Moishe para, observa o cartaz e diz ao amigo: «Avreleh, estou considerando.» Ao dizer isso, ele entra determinado na igreja. Vinte minutos depois, ele sai de cabeça baixa.

«E aí», pergunta Avreleh, «ganhou os dez rublos?»

Moishe olha-o com desprezo: «Vocês judeus só conseguem pensar *nisso*?»

E essa certamente é uma das melhores piadas, especialmente piadas de judeu, de todos os tempos, por demonstrar muito nitidamente como o poder realmente funciona. Essas piadas também ajudam a explicar por que os judeus, historicamente, muitas vezes enxergaram a conversão como fenômeno sociopolítico e não autenticamente religioso:

Quatro convertidos compartilham as histórias de suas conversões. O primeiro diz que foi vítima de uma acusação falsa e converteu-se para fugir da dura condenação que teria de sofrer. A segunda confessa que seus pais a deixavam louca com reclamações a respeito de como ela era descuidada com os deveres religiosos, então ela se converteu por despeito. A terceira conta uma história rocambolesca sobre como se apaixonou por um rapaz cristão: ela se converteu para casar-se com ele. O quarto dispara: «Ao contrário de vocês, eu me converti pela firme convicção de que o cristianismo é uma religião superior.»

«Ah, NÃO ME VENHA COM ESSA!», os outros interrompem-no. «Essa você guarda para os seus amigos *goyim*!»

Suspeita essa que permaneceu mesmo quando os judeus procuraram outras religiões em épocas mais liberais:

Meu melhor amigo é um judeu budista. Acredita que você deve renunciar a todas as posses materiais, mas guardar as notas fiscais.
David Baddiel

Então você acha que deixa de ser judeu, é isso? Bem, a piada é você:

O sr. Dropkin estava numa viagem a negócios em uma cidadezinha, e ia fazer sua grande apresentação no palco quando se curvou e soltou o maior pum que qualquer pessoa jamais ouvira. Ele nunca voltou àquela cidadezinha. Porém, muitos, muitos anos depois, foi convidado a voltar. Incapaz de decidir se já podia dar as caras, tentou incentivar a si mesmo: «Já estou tão velho», pensou. «Certamente ninguém vai se lembrar de mim, passado tanto tempo. Eu nem tenho mais a mesma cara de antes.» Assim, ele decidiu voltar. No entanto, ao fazer o *check-in* no hotel, tomou a precaução de mudar de nome.

«O senhor já visitou nossa bela cidadezinha», perguntou, amável, o recepcionista.

«Só uma vez», disse o sr. Dropkin. «Mas foi muito tempo atrás, e, cá entre nós, não voltei até agora porque sempre tive muita vergonha de uma experiência muito dolorosa que tive aqui, e fiquei com medo de as pessoas se lembrarem.»

«Ah, que pena!», disse o recepcionista, antes de tranquilizá-lo. «Sabe, as pessoas têm a memória tão curta, e só se preocupam na verdade com as próprias vidas – as coisas nunca são tão ruins quanto a gente pensa. Tenho certeza de que o senhor está sendo paranoico. Afinal, há quanto tempo isso aconteceu?»

Dropkin disse que não se lembrava exatamente.

«Bem, foi antes ou depois do pum do Dropkin?»

Qual a diferença entre um judeu e um papagaio?

Podemos pensar no pum de Dropkin como metáfora da história judaica: por mais que os judeus tentem reprimir suas origens, eles aprenderam da pior maneira que aquilo que achavam que estava no passado sempre volta para envergonhá-los, aparecendo de algum jeito:

> Um judeu se converte e vira padre. Ele reza sua primeira missa na frente de vários padres importantes que vieram para a ocasião. No fim do sermão do novo padre, um cardeal vai parabenizá-lo. «Padre Goldberg», diz ele, «o sermão foi ótimo, o senhor estava perfeito. Só tem uma coisa. Da próxima vez, tente não começar seu sermão com 'meus irmãos *goyim*...'»

Pode acontecer em qualquer lugar:

> James e Gracie Carter vestem suas melhores roupas e vão para um dos restaurantes mais chiques de Londres comemorar seu aniversário de casamento. O garçom lhes dá o cardápio. James dá uma olhada como se fosse um *habitué*.

«E do que o senhor gostaria como prato principal?», pergunta o garçom.

«O que o senhor recomendar», diz James, «desde que seja *treyf* [não kosher].»

«*Oy vey*!», exclama um cliente próximo... «Seja lá o que for *isso*»!

Esse é um problema que os judeus têm de enfrentar até mesmo no *novo* mundo – o motivo, por exemplo, pelo qual os Cohen de Boston decidiram dar a seu filho recém--nascido o nome de Luke Lincoln Cohen, porque *Abraham* Lincoln soava judeu demais.

O que essas piadas – e elas são muitas – parecem sugerir é que há algo inabalável na judeidade. Uma vez perguntaram à comediante americana Judy Gold: «Quando você acorda, você se sente mais judia ou mais lésbica?»

> Sempre me sinto judia. Levanto e sinto dor nas costas, preciso ir ao banheiro, preciso tomar um café. Sou judia. Não acordo e penso, «Caramba, aquela menina é gostosa». É mais «Tenho de botar os grãos naquele troço do café. Será que faço um mingau de aveia? Preciso ir à academia – não, hoje não estou a fim.» Eu acordo como uma judia idosa num asilo.[12]

Pode ser um novo dia, mas ainda há os mesmos velhos *tsores* (dificuldades,

---

12 Entrevista para *Out Magazine* (2016).

sofrimentos, *oy, oy, oys*) – e é *isso* (mais a vaga desconfiança daquele «troço» do café) que parece judeu.

É claro que isso não equivale a negar que outras pessoas também têm seus *tsores*:

> Um rapaz que era religioso frequenta a Universidade de Oxford. Quando seu pai, com uma longa barba, kipa e *peiot* vai visitá-lo, ele fica todo envergonhado e diz ao pai inequivocamente que ele tem a sensação de que todo seu sucesso se encaixando numa das instituições de elite da Grã-Bretanha será destruído por aquele espetáculo de diferença. Querendo ajudar o filho, o pai vai a um barbeiro e tira os *peiot*, raspa a barba e até tira a kipa. Nesse momento, o pai começa a chorar. Profundamente comovido, o filho diz: «Mas pai, nunca foi minha intenção que você perdesse completamente a sua identidade. Eu só queria que você minimizasse a sua diferença, e não que a apagasse. Sinto muito pela dor que causei.»
>
> «Não, não é isso», diz o pai. «Estou chorando porque perdemos a Índia.»

Oy, oy, oy mesmo.

Mas mesmo quando um judeu, como o homem que chora abertamente pela perda não de seus *peiot*, mas da Índia, parece ter recalibrado sua identidade, a lição do pum de Dropkin ainda pode valer. Assim, se dissermos, por exemplo, que uma judia acorda, vai ao banheiro, toma café e come mingau de aveia, e parece estar agindo como qualquer outra pessoa quando chega à rua, mesmo então costuma haver algum outro judeu ameaçando denunciá-la. Como diz Freud:

Um judeu da Galícia estava viajando de trem. Ele tinha ficado à vontade, desabotoado o casaco e posto os pés no assento. Nesse exato momento um cavalheiro de roupas modernas entrou na cabine. O judeu imediatamente recompôs-se e assumiu uma pose decorosa. O estranho folheou as páginas de um caderno, fez alguns cálculos, refletiu um instante e de repente perguntou ao judeu: «Com licença, quando é o Yom Kippur?»

«Oba!», disse o judeu, relaxando totalmente, e pondo outra vez o pé na cadeira antes de responder.

Mas quem é o alvo da piada aqui? É o judeu do velho mundo visto pelos olhos do primo assimilado ou será que o judeu da Galícia não passa de outro *schlemiel* fazendo de *schlimazel* o cara certinho?

Uma mulher num trem se vira para outro passageiro. «Com licença», diz ela. «O senhor é judeu?»

«Não», responde o homem.

Alguns minutos depois ela pergunta de novo. «Com licença», diz ela. «O senhor tem certeza de que não é judeu?»

«Tenho certeza», diz o homem.

Mas a mulher não se convence, e alguns minutos depois pergunta uma terceira vez.

«O senhor tem total certeza de que não é judeu?»

«Ok, você venceu», diz o homem. «Sou judeu.»

«Que engraçado», diz a mulher. «Você não parece judeu.»

Afinal, quem, além de um judeu, sonharia em dar tão pouca pinta de ser judeu?

E ainda por cima os judeus muitas vezes podem achar igualmente suspeito o judeu que parece *não* estar se escondendo:

Dois rivais se encontram na estação de trem de Varsóvia. «Aonde você está indo?», diz o primeiro.

«Vou para Minsk», diz o segundo.

«Para Minsk, é? Mas que descaramento! Eu sei que você está me dizendo que está indo para Minsk porque quer que eu pense que na verdade você está indo para Pinsk. Só que eu sei que você está *mesmo* indo para Minsk. Então... por que você está mentindo para mim?

Então você está dizendo a verdade? Ora, ora! Veja se *esse* não é um bom disfarce!

Piadas sobre judeus num trem são piadas sobre judeus como passageiros – como pessoas que estão sempre tentando passar... ir junto com... integrar-se... imitar... *papagaiar*...

Meyer, viúvo solitário, andava para casa uma noite quando passou por uma loja de animais e ouviu uma voz grasnando em iídiche: «Quóóók... *vus machst du...* é, *du...* aí fora, parado feito um *schlemiel...* hein?» Meyer esfregou os olhos e os ouvidos. Ele não conseguia acreditar. O proprietário veio porta afora e pegou Meyer pela manga. «Vem cá, amigo, dá só uma olhada nesse papagaio.»

Meyer parou de frente para um papagaio cinzento que inclinou a cabeça e disse: «*Vus? Ir kent reddin Yiddish?*»

Empolgado, Meyer virou-se para o proprietário da loja. «Ele fala iídiche?»

Em poucos instantes Meyer já tinha colocado quinhentos dólares no balcão e levou o papagaio na gaiola. Passou a noite inteira conversando em iídiche com o papagaio. Ele contou ao papagaio sobre as aventuras do pai que veio para os Estados Unidos, falou de como a mãe estava bonita no dia do casamento, falou da família, dos anos em que trabalhou na fábrica de roupas, da Flórida. O papagaio ouvia e comentava. Eles dividiram algumas nozes. O papagaio falou da vida na loja de animais, de como odiava os fins de semana. Enfim os dois foram dormir.

Na manhã seguinte, Meyer começou a colocar os *tefilin* [filactérios] enquanto rezava. O papagaio perguntou o que ele estava fazendo, e, quando Meyer explicou, o papagaio quis fazer aquilo também. Meyer saiu e fez um conjunto de *tefilin* em miniatura para o papagaio. O papagaio quis aprender a *daven* [rezar], por isso Mayer ensinou-o a ler hebraico, e ensinou todas as preces do

Siddur com a *nusach* [versão] apropriada para os serviços diários. Meyer passou semanas e meses sentado ensinando a Torá, a Mishná e a Guemará ao papagaio. Com o tempo, Meyer passou a amar o papagaio e a ver nele um amigo e judeu.

Na manhã do Rosh Hashaná, Meyer levantou-se, vestiu-se e estava prestes a sair quando o papagaio exigiu ser levado junto. Meyer explicou que o *shul* [sinagogra] não era lugar de pássaros, mas o papagaio apresentou um argumento brilhante e foi levado no ombro de Meyer. Não é preciso dizer que eles causaram grande impressão quando chegaram ao *shul*, e Meyer ouviu perguntas de todos, incluindo do rabino e do cantor, que se recusaram a permitir que um pássaro entrasse no recinto nas Grandes Festas. Porém Meyer convenceu-os a deixá-lo entrar só dessa vez, jurando que o papagaio era capaz de *daven*.

Foram feitas apostas com Meyer. Milhares de dólares apostando que o papagaio *não* era capaz de *daven*, não conseguia falar iídiche nem hebraico etc. Todos os olhos fixaram-se no papagaio cinzento durante a cerimônia. O papagaio empoleirava-se no ombro de Meyer e as preces e os cantos se seguiam, sem que Meyer ouvisse um único pio dele. Ele começou a ficar chateado, dando tapinhas no ombro e murmurando baixinho: «*Daven!*»

Nada.

«*Daven*... *Feigelleh*, por favor! Você consegue *daven*, então *daven*... Vamos, está todo mundo olhando!»

Nada.

Depois que a cerimônia de Rosh Hashaná terminou, Meyer viu que estava devendo muitos milhares de dólares aos amigos de *shul* e ao rabino. Foi para casa muito chateado, sem dizer nada. Enfim, a muitas quadras do *shul*, o pássaro, feliz como um rouxinol, começou a cantar uma velha canção iídiche. Meyer parou e olhou para ele.

«Maldito pássaro, você me custou mais de quatro mil dólares. Por quê? Depois que eu fiz os seus *tefilin*, ensinei as orações da manhã e ensinei você a ler hebraico e a Torá. E depois que você implorou para eu levar você comigo ao *shul* no Rosh Hashaná, por que fez isso? Por quê?»

«Não seja um *schlemiel*», respondeu o papagaio. «Você tem noção da vantagem que nós vamos ter no Yom Kippur?»

Qual judeidade o papagaio estava papagaiando? Não, ao que parece, o texto oficial – a liturgia, a linguagem e a lei –, mas o subtexto – o gueto, o instinto de sobrevivência das ruas e a adaptabilidade. *Converta-se e ganhe dez rublos!* Ou, como disse Groucho Marx:

São estes os meus princípios! Se você não gostar, tenho outros.

Difícil não rir de uma tirada tão luminosa. Porém, é inegável que aqui temos um problema: o problema de por que tantas piadas judaicas e piadistas judeus representam os judeus como charlatães ou mentirosos – tão traiçoeiros que até os honestos são condenados por duplicidade. Afinal, se nem os judeus confiam uns nos outros, o que os não judeus deveriam pensar deles? As piadas judaicas não são culpadas, então, de *atiçar* o antissemitismo?

Em alguns casos, talvez sim. Mas também podemos ouvir nessas piadas, bem como nas tiradas de Groucho, algo mais sutil: ao fazer piada com a malícia do judeu, o que essas piadas também descrevem é a malícia da posição de quem está de fora. Afinal, para encaixar-se no grupo social dominante, o papagaio tenta imitar a linguagem dos anfitriões para ser notado, para estabelecer linhas de comunicação e para que suas necessidades sejam atendidas. Assim, se até para o *papagaio* papagaiar é essencialmente uma estratégia de sobrevivência, então certamente pode-se presumir o mesmo do judeu papagaiador.

Será que as piadas sobre a malícia das identidades judaicas parecem menos ferozes se pensarmos nelas dessa maneira? O limite aqui está longe de ser claro. Porque é verdade: quando piadas sobre judeus são contadas por não judeus, elas soam *sim* estranhamente parecidas com piadas antissemitas. E, para dizer a verdade, pensando bem...

Qual a diferença entre um judeu e um antissemita?

O antissemita acha que os judeus são uma raça desprezível, mas o Cohen? Olha, o Cohen tudo bem. O Kushner? Sujeito excelente. O judeu, por outro lado, acha que seu povo é uma luz para as nações, mas o Cohen? Não passa de um *schmuck*! E o Kushner? Nem me fale do Kushner!

Quando se trata de apontar essa diferença, até aqui estamos no terreno da malícia. Por isso a mesma coisa pode ser dita da diferença entre uma piada judaica e uma piada antissemita. Afinal, se algumas piadas judaicas parecem manifestar um antissemitismo internalizado, outras riem do antissemitismo que papagaiam:

O rabino Altmann e sua secretária estavam sentados num café em Berlim em 1935. «*Herr* Altmann», disse a secretária, «reparei que o senhor está lendo *Der Stürmer*! Não consigo entender por quê. Um panfleto cheio de mentiras nazistas! O senhor por acaso é um masoquista ou, Deus me livre, um desses judeus que se odeiam?»

«Pelo contrário, *Frau* Epstein. Quando eu lia os jornais judeus, só ficava sabendo de *pogroms*, de tumultos na Palestina e de pessoas que abandonavam a fé nos Estados Unidos. Mas agora que eu leio *Der Stürmer*, vejo muito mais: que os judeus controlam todos os bancos, dominam as artes, e estão prestes a mandar no mundo inteiro. Sabe… Eu me sinto muito melhor assim.»

Os judeus já estão bem acostumados a ouvir que são responsáveis por todos os problemas do mundo. E não apenas pelos problemas causados pelo homem, mas também pelos problemas naturais:

«Você sabia que foram os judeus que afundaram o *Titanic*?»

«Os judeus? Achei que tinha sido um *iceberg*.»

«*Iceberg*, Goldenberg, Rosenberg, é tudo a mesma coisa.»

Mas até nos piores momentos eles encontraram maneiras de fazer piada:

Cohen mora em Berlim em 1933. Está andando na rua quando Hitler passa num Volkswagen e sai do carro com uma pistola Luger na mão. «Ponha a cara na sarjeta e coma a sujeira como o cão que você é, judeu!», rosna ele.

Cohen não tem escolha. Obedece e come a sujeira. Hitler começa a rir tanto diante do que vê que deixa a arma cair. Cohen a pega. «Sua vez, *mein Führer*», diz ele, e aponta a sarjeta.

À noite, Cohen chega em casa. A esposa pergunta como foi seu dia.

«Ah, nada de mais… Mas você nem imagina quem almoçou comigo hoje…»

Porém, como vemos no diálogo a seguir, tirado do filme *Desconstruindo Harry* (*Deconstructing Harry*, 1997), de Woody Allen, nem sempre dá para dizer se o piadista está *mesmo* fazendo piada:

Burt: «Você por acaso se importa com o Holocausto? Ou você acha que ele nunca aconteceu?»

Harry: «Não apenas sei que perdemos seis milhões, como ainda acho assustador que os recordes existam para serem quebrados.»

Qual a diferença entre o que é piada e o que não é?

Quando o dentista de Jerry proclama, com o zelo dos recém-convertidos, que «foi nosso senso de humor que nos manteve como povo», talvez nos faça rir, mas ele não está brincando. Para realmente apreciar sua fórmula para ser engraçado – quanto mais você sofreu, mais engraçado você é – você precisa olhar não as pequenas irritações que exasperam o elenco de *Seinfeld*, mas a vida judaica naqueles lugares suscetíveis a *pogroms* em que nem sempre é fácil saber a diferença entre o que é e o que não é piada:

«Grandes notícias! Grandes notícias! Sabe o menino que foi morto na floresta ontem? É judeu!»

Qual a «piada» nesse caso? Que uma criança judia assassinada na floresta possa ser considerada uma «grande notícia» em comparação ao *pogrom* que poderia seguir-se à descoberta de uma criança cristã assassinada. Em outras palavras, às vezes rimos quando reconhecemos uma verdade (terrível). Ou quando percebemos que aquilo que estamos ouvindo deveria ser piada, mas não é.

Tendemos a pensar na espirituosidade como uma forma de leveza, mas, como atesta o próprio vocabulário da piada, o humor tem lados mais sombrios e agressivos. Considere por exemplo a palavra *punchline*, com sua sugestão de que alguém, ao fim da piada, com certeza será nocauteado.[13] Como entender esse termo «técnico»? As piadas necessariamente exigem vítimas?

Nos anais do humor judaico vemos por que as *punchlines* fazem sentido:

> Mendel, açougueiro, está indo para o açougue de manhã quando aparece um estranho, dá-lhe um soco na cara e diz: «Toma essa, Yossel».
>
> Mendel fica surpreso, mas logo começa a rir.
>
> O estranho diz: «Está rindo por quê? Quer levar outro soco?»
>
> Mendel diz: «Não, é que a piada aqui é você – meu nome não é Yossel!»

Afinal, quando a vida vai te surrar de qualquer jeito, você ri do que pode rir.

Por outro lado, fazer piada sempre foi um bom disfarce para não estar de brincadeira. Ao falar «estou brincando», podemos estar falando de coisas inomináveis. Aharon

---

13 *Punch* é «soco»; *line*, no caso, é a «fala», no sentido de uma fala dita por um personagem ou por um narrador. *Punchline* seria «a fala que atinge, golpeia». [N. T.]

Appelfeld, sobrevivente do Holocausto e romancista, escreveu sobre como logo depois da guerra as vítimas dos campos só conseguiam falar diretamente de suas experiências uns com os outros por meio de grotescas performances cômicas. Em vez de pensar na comédia como tragédia mais tempo,[14] ele verificou que a comédia era a linguagem que vinha instintivamente primeiro – talvez por ser o único gênero que reconhecia a pura impossibilidade de representar aquilo que as vítimas tinham vivido.

David Schneider, filho de um sobrevivente do Holocausto, há muito tempo se interessa pela curiosa compulsão de tantos humoristas por encontrar piadas em coisas que claramente não são «engraçadas» em nenhum sentido direto:

> Como comediante, sempre quis saber se um assunto tão difícil e tabu podia ser usado como comédia.
>
> Trabalhei como apresentador em shows de comédia judaicos, e lembro que uma vez recebi um bilhete no camarim que dizia: «Somos sobreviventes de Auschwitz e viajamos em grupo para ver você. Será que você pode nos mandar um alô durante o show?»

---

14 Definição popular de comédia que foi atribuída a várias pessoas, mas que provavelmente foi cunhada na década de 1950 por Steve Allen, personalidade da TV americana.

E eu simplesmente pensei: o que é que eu vou fazer? Vou chegar e mandar: «Ei, tem alguém de Auschwitz na plateia hoje?»

Assim, se é compreensível que as pessoas prefiram não rir desses horrores, ou que fiquem chocadas quando outras pessoas riem, seria um erro fazer muitas presunções a respeito do riso de qualquer pessoa. O riso, afinal, com frequência assalta de surpresa seus objetos, dando a entender que há coisas enredadas nele que nem sempre são conhecidas ou reconhecidas por quem ri. Mais ainda, ao prestar atenção às maneiras alternativas que sempre existem de enxergar até as coisas mais sinistras, ver o lado engraçado é uma habilidade que vale a pena ter – não apenas porque ela pode atenuar nossos momentos mais tristes, mas porque ela pode ajudar a identificar pontos cegos, multiplicar perspectivas e até criar novas possibilidades. Assim, pode haver pouco motivo de espanto na ideia de que os judeus, querendo expandir um horizonte no mais das vezes estreitíssimo, tenham tantas vezes dependido do humor. Afinal, nada é tão ruim que não possa piorar:

> Dois judeus estão na frente de um pelotão de fuzilamento aguardando sua execução. Enquanto aguardam, o líder do pelotão pergunta a eles: «Algum de vocês tem um último pedido?»
>
> O primeiro judeu diz: «Isto é um engano terrível!»

O segundo judeu vira para ele e sussurra: «Morris, não arrume problema.»

Também não há nada tão inócuo que não se mostre maligno:

Um inglês, um escocês e um judeu estão sentados no banco de um parque.

O inglês diz: «Estou tão cansado, com tanta sede, que preciso de uma cerveja.»

O escocês diz: «Estou tão cansado, com tanta sede, que preciso de um uísque.»

O judeu diz: «Estou tão cansado, com tanta sede, que devo ter diabetes.»

E também não há resposta entusiasmada que não possa revelar uma crítica:

Uma mãe judia dá ao filho duas gravatas de presente de aniversário. O garoto corre para o quarto, arranca a gravata que está usando, põe uma das gravatas que a mãe deu, e volta correndo.

«Mãe, veja só! Não está linda?»

A mãe responde: «Qual o problema? Não gostou da outra?»

O que, admitamos, acaba com o bom humor. Ainda assim, é precisamente nesse tipo de picuinha que podemos identificar a lição da história judaica, junto com a da piada: tudo tem sempre outro lado.

Qual a diferença entre uma bênção e uma maldição?

Que os judeus que conseguem ver o lado positivo das más notícias também vejam o lado negativo das boas notícias explica o delicioso despeito contraintuitivo que há em típicas maldições iídiches:

«Tomara que você fique tão rico que seja a pessoa mais rica da sua família!»

«Tomara que você fique tão rico que o segundo marido da sua esposa nunca precise trabalhar na vida!»

De fato, a resposta padrão do adolescente médio de hoje em dia ao ouvir qualquer coisa de positivo – «boa sorte com isso aí» – há muito tempo é a bênção judaica padrão: «Mazel tov!» (literalmente, «boa sorte», em vez de «parabéns», que é a tradução comum). E certamente nada deixa um judeu mais deprimido do que o «pensamento positivo»:

Um grupo de judeus está discutindo a condição do mundo:

«A economia está em colapso, e você sabe em quem vão botar a culpa, não sabe?»

«Você já viu as coisas que estão falando de nós nas mídias sociais?»

«Todo mundo é antissemita. Não confie em ninguém.»

«Sempre dizem que a culpa é nossa.»

«Ou então que a culpa é de Israel.»

«Mas o que é que há de errado com vocês? Por que vocês não podem ser um pouco mais positivos? Eu mesmo sou otimista!»

«Você parece bem ansioso para quem é otimista.»

«Você acha que é fácil ser otimista?»

Durante a maior parte de sua longa história na Diáspora, os judeus não tiveram os recursos para lutar por sua causa. Desse modo, eles passaram a se preocupar com sua causa:

Os cidadãos de Chelm [*shtetl* imaginário do folclore humorístico judaico] costumavam passar bastante tempo preocupados – tanto tempo, aliás, que logo começaram a se preocupar com o tanto que se preocupavam.

O Grande Conselho de Sábios fez uma reunião para discutir tanta preocupação e para encontrar uma solução para ela. Por sete dias e sete noites os sábios de Chelm discutiram o problema, até que enfim o presidente anunciou a solução: Yossel, o limpador de chaminês, seria o Preocupador Oficial de Chelm. Em troca de um rublo por semana, ele ficaria preocupado por todo mundo em Chelm. Os membros do Grande Conselho todos concordaram que essa era a solução ideal, mas, pouco antes da votação, um dos sábios levantou-se para falar contra a proposta.

«Um instante», anunciou. «Se Yossel vai ganhar um rublo por semana, então ele vai se preocupar com o quê?»

Mesmo assim, os judeus tentam só se preocupar no momento ideal:

O astrônomo estava terminando a palestra: «Algumas pessoas acreditam que o Sol vai morrer daqui a uns quatro ou cinco bilhões de anos.»

«Quantos anos você disse?», perguntou a sra. Shindler.

«Quatro ou cinco bilhões»

«Ufa!», respondeu ela. «Achei que você tinha dito milhões!»

E eles normalmente conseguem perceber quando a maré está virando e os sinais estão ficando positivos:

Dois prisioneiros de guerra judeus estão prestes a ser mortos. De repente vem a ordem para enforcá-los: «Está vendo só? As balas estão acabando.»

Distinguir a bênção da maldição, em outras palavras, é realmente uma questão de onde você põe a ênfase – assim como, não importando o quão boa seja a piada que você está prestes a contar, ela só vai ter graça se você souber contá-la direito.

Porém, se essas piadas são obviamente engraçadas, elas fazem mais do que apenas divertir. Afinal, o riso que depende da surpresa –

por exemplo, da súbita inversão de sentido quando um enforcamento se revela um indício de uma falta de balas – lembra quem quer que a ouça de que é possível ser surpreendido. E é interessante que isso seja algo que a piada compartilhe com a estrutura messiânica da história sob a qual os judeus interpretam a deles mesmos. De fato, aquilo que tanto a história judaica quanto as piadas judaicas revelam não é diferente: há sempre outro jeito de ver as coisas, sempre outro ponto a ser enfatizado e sempre outro futuro a aguardar – sendo assim, espere o inesperado!

Qual a diferença entre um bom negócio e um mau negócio?

No campo da piada judaica, você consegue encontrar beneficiários desta «visão dupla» por toda parte:

O sr. e a sra. Horowitz estão num restaurante tomando sopa. Do outro lado do salão, uma jovem elegante sorri e acena para o sr. Horowitz. Ele tenta fingir que não foi nada.

Sra. Horowitz: «Manny! Quem é aquela?»

Sr. Horowitz: «Aquela... Temo que seja minha amante.»

A sra. Horowitz fica chocada. Após um instante, ela pergunta: «E quem é a outra mulher com ela?»

Sr. Horowitz: «Aquela? Aquela é a amante do Klein.»

A sra. Horowitz pensa por um instante: «A nossa é melhor.»

As mesmas forças que ensinaram a sra. Horowitz e tirar o melhor de um péssimo negócio também ensinaram Moshe a questionar os termos do negócio:

Moshe entra numa agência dos Correios para mandar um pacote, mas o pacote é pesado demais.

«O senhor precisa de outro selo.»

«E outro selo vai deixar o pacote mais leve?»

Como certas coisas são inegociáveis, porém («o dinheiro é melhor do que a pobreza, nem que seja por razões financeiras» – Woody Allen), que bom que os judeus por acaso sejam tão bons nos negócios:

Um garoto judeu começa a frequentar a escola pública numa cidadezinha. No primeiro dia, a professora pergunta à turma: «Quem foi o maior homem que já viveu?»

Uma menina levanta a mão e pergunta: «Foi Winston Churchill?»

«Boa resposta», diz a professora, «mas não a resposta que quero.»

Outra menina levanta a mão e pergunta: «Foi Shakespeare?»

«Ainda não é a resposta que estou esperando», diz a professora.

Então o garoto novo, judeu, levanta a mão e diz: «Acho que Jesus Cristo foi o maior homem que já viveu.»

A professora fica impressionada. «Sim!», diz ela. «É essa a resposta que eu esperava.» Ela o chama para vir à frente e lhe dá um pirulito.

Depois, outro aluno judeu pergunta a ele: «Por que você disse 'Jesus Cristo'?»

O garoto responde: «Olha, eu sei que é Moisés, e você sabe que é Moisés, mas negócios são negócios.»

Enquanto isso, na escola judaica, o professor de hebraico costuma se gabar:

«Se eu fosse Rothschild, seria mais rico do que Rothschild.»
«Por quê?»
«Porque eu ensinaria hebraico nas horas vagas.»

Porém, nem todo mundo se deixa impressionar com a mesma facilidade:

«Mãe, hoje economizei!»
«Como?»
«Em vez de pagar a passagem do ônibus para vir para casa, corri atrás dele o caminho inteiro!»
«E você não podia correr atrás de um táxi?»

Um bom negócio é apenas uma questão de estar no lugar certo, na hora certa, com o equipamento certo:

Dois membros de uma congregação estão conversando.
«Nosso cantor é magnífico», diz o primeiro.
«E daí?», diz o segundo. «Se eu tivesse a voz dele, cantaria igualmente bem.»

E, às vezes, sem o equipamento certo:

«Quanto custa esse picles?»

«Dez centavos.»

«Mas a barraca ali embaixo vende picles só por três centavos!»

«Então por que você não compra lá?»

«Porque acabou.»

«Quando meus picles acabarem, também vou vendê-los por três centavos.»

Ainda assim, todo mundo acha que algum bom negócio lhe escapuliu:

Maurice, um jovem judeu, vai ao norte de Londres candidatar-se a um emprego como zelador da Sinagoga Edgware. O comitê da sinagoga está prestes a lhe dar o emprego quando descobre que ele é analfabeto. Eles decidem que, por várias razões, seria inapropriado ter um zelador analfabeto. Assim, Maurice vai embora e decide fazer carreira em outro ramo. Decide vender objetos de plástico de porta em porta. Ele vai bem e logo consegue comprar um carro; depois, uma loja; depois, a segunda loja, e uma terceira. Enfim, ele está prestes a abrir uma vasta cadeia de lojas, e assim tenta comprar um seguro. Porém, quando a seguradora pede que ele assine o contrato, é óbvio que ele não sabe escrever. Chocado por ver que um homem tão bem-sucedido não tem estudo, o gerente do banco diz: «Imagine só o que você poderia ter sido se tivesse aprendido a ler e a escrever.»

«Pois é», diz Maurice, com ar de lamentação. «Zelador da Sinagoga Edgware.»

Porém, se a sra. Horowitz e o dono da cadeia de lojas aprenderam a ser bem-sucedidos adotando valores burgueses em condições capitalistas, os judeus também tiveram de aprender a arte do negócio em condições comunistas:

Durante um inverno na Moscou soviética corria o rumor de que uma entrega de carne tinha chegado da fazenda cooperativa. Linguiça de verdade! Em minutos, uma enorme fila dava a volta no açougue de Peshkov, como uma jiboia em torno de uma vaca. Porém, depois de uma hora, o gerente saiu e anunciou: «Camaradas, temos menos carne do que imaginávamos. Os judeus, por favor, se retirem.»

Os judeus vão embora. Duas horas depois, o gerente vai falar de novo com a multidão: «Receio que tenhamos menos ainda do que pensávamos – só o bastante para os membros do Partido.»

Metade das pessoas vai embora. Uma hora depois: «Realmente, temos muito pouca carne. Quem não tiver lutado na Revolução de Outubro tem de ir embora.»

Agora restam apenas dois homens. Três horas depois, quando a noite já está caindo, aparece o gerente: «Camaradas, no fim das contas, hoje não teremos linguiça.»

«Está vendo só», diz um velho para o outro. «Os judeus ficam com o melhor negócio.»

(Não admira que os judeus tenham fama de fazer jogo duplo.)

Qual a diferença entre um alfaiate e um psiquiatra?

Um negócio é um negócio, e você precisa lidar com as cartas de baralho que recebe. Isso significa, antes de tudo, ser adaptável. E uma vantagem que os judeus adquiriram por ter aprendido a esperar o inesperado é ter adquirido exatamente esta habilidade: a de mudar apenas o bastante para atender os últimos termos e condições.[15]

O mesmo aconteceu com suas piadas. Assim, seja nos Estados Unidos capitalistas, seja na Rússia soviética, as mesmas velhas piadas sempre têm de ser formuladas nos termos do regime do momento:

> No *shtetl*, Moishe arrumou um emprego que consistia em ficar atento aos sinais da chegada do Messias. «É um trabalho chato, e paga mal – mas pelo menos é um trabalho estável.»

---

15 Segundo o historiador Yuri Slezkine, foi o talento para adaptar-se que fez com que os judeus fossem modernos *avant la lettre*: «A modernização tem a ver como todo mundo ser urbano, inconstante, letrado, articulado, intelectualmente complexo, fisicamente meticuloso e flexível quanto às ocupações.» (Para nem dizer espirituoso.)

Na era soviética, seu trabalho mudou: Moishe agora procurava sinais da revolução mundial. O trabalhou mostrou-se igualmente estável.

Esta, imagino, é a outra mensagem transmitida tanto pela piada judaica quanto pela história judaica: com certeza espere o inesperado, mas também – espere mais do mesmo. Afinal, por mais seriamente que esperem o Messias, os judeus são também um povo que aprendeu a rezar: «Deus, não permita que esta guerra dure enquanto formos capazes de sobreviver a ela.» E assim, como eles ficaram um tanto cansados de promessas históricas grandiosas, aquilo que você encontra muitas vezes nas piadas judaicas é uma capacidade de olhar além da ideologia popular do momento e ver a realidade material bruta por debaixo dela:

«No ano 2000, os russos conseguirão ir até Marte num foguete», declarou Brejnev.

«E quando», pergunta Mendel, «poderemos ir a Viena?»

O verdadeiro desejo de Mendel, porém, é cruzar o oceano e ir para os Estados Unidos:

Ele vai pedir um visto. «A fila para esses vistos é longa, muito longa», diz o funcionário. «Melhor você voltar daqui a dez anos.»

«Tudo bem», diz Mendel. «De manhã ou de tarde?»

A paciência de Mendel, na verdade, não é diferente da paciência da piada judaica, cuja resistência testemunha sua força crítica. Afinal, se a piada ainda funciona, então a nova ideologia, não importando o quão diferente ou o quão radical seja, não pode ser tão transformadora quanto o prometido. Portanto, enquanto algumas das melhores piadas judaicas foram desativadas por transformações recentes – o e-mail, por exemplo, fez com que o antigo telegrama judaico pedisse um tempo:

> Comece a preocupar-se. Detalhes a seguir. – o sentimento permanece o mesmo: se você começar a se preocupar agora, a história com certeza vai lhe dar razão.

Mas nunca esqueça o outro lado: muitas piadas judaicas acompanharam a modernidade não apenas porque os judeus foram céticos em relação à mudança histórica, mas porque também foram muito bons nela:

> PERGUNTA: Qual a diferença entre um alfaiate e um psiquiatra?

> RESPOSTA: Uma geração.

Qual a diferença entre a moralidade e a neurose?[16]

I sto, por outro lado, é o que distingue um médico de um psiquiatra:

Um psiquiatra é um médico judeu que não aguenta ver sangue.

A história judaica, afinal, não apenas viu muito sangue, como também viu muita psicologia.

E, no que diz respeito a Freud, claro, as piadas, junto com os sonhos e com os atos falhos verbais, são um modo de entrar na parte não oficial de cada um de nós que ele chamou de inconsciente. Assim, as piadas judaicas são indícios do inconsciente judeu? Se é assim, pode-se supor que a piada judaica se lembra daquilo que outros arquivos da vida judaica tentaram esquecer. A começar por esta piada:

Qual a definição de Alzheimer judeu? Você esquece tudo, menos a culpa.

....

16 Ah, se eu soubesse. A obra inteira de Freud talvez tenha sido uma tentativa de apontar essa diferença.

A culpa! Ai de nós! Uma emoção que é um verdadeiro nó górdio. Os judeus podem perfeitamente esquecer tudo, menos a culpa – porque a culpa atesta uma história que você pode negar o quanto quiser, mas que ainda aperta o seu pescoço.

Porém, se a culpa gosta de nos lembrar de que há algo no passado que precisa ser enfrentado, ela tende a não ser tão direta a respeito do que é esse algo. A culpa é um sentimento que esconde tanto quanto revela, e é um sentimento que trabalha para reprimir outros sentimentos: sentimentos agressivos, por exemplo, ou incestuosos. Assim, você poderia dizer, também, que a culpa tem algo de piada. É por isso que a revisão de Maureen Lipman da piada – «o Alzheimer judeu é esquecer tudo, menos um rancor» – é igualmente engraçada e igualmente reveladora. Afinal, a culpa e as piadas são maneiras sancionadas socialmente de mascarar nossas intenções inconscientes para com aqueles a respeito dos quais sentimos culpa, ou que nos dão vontade de fazer piadas (as piadas, porém, embora encontrem uma válvula externa para seus sentimentos proibidos, costumam ser mais saudáveis). Será, então, que isso explica por que existem tantas piadas judaicas sobre a culpa judaica?

Voltemos àquelas mães judias no escuro. E, quando se trata de jogar a culpa na mãe judia, as piadas judaicas podem ficar muito sombrias. O exemplo mais privado de lâmpadas de uma piada de mãe judia é *O complexo de Portnoy* (*Portnoy's Complaint*), a caricatura em forma de romance da mãe judia, escrita por Philip Roth em 1969. No livro, o bilhete de suicídio de um garoto do bairro diz:

> A sra. Blumenthal ligou. Favor levar suas regras de mahjong para o jogo hoje à noite. Ronald.

Quaisquer que sejam as sequelas, porém, você deveria saber que a loucura da mãe judia tem método:

> Seu filho tem de ouvir você suspirar todos os dias. Se você não sabe o que ele fez para você suspirar, ele sabe.

E, para sermos justos com ela, a culpa é um sintoma do qual também ela sofre:

> Quando a mãe judia foi convocada para ser jurada num julgamento, tiveram de mandá-la de volta para casa porque ela ficava insistindo que ela mesma era a culpada.

Então, é inteiramente razoável que ela transmita essa culpa às amigas:

> A tarde se aproxima do fim, e os convidados se preparam para ir embora.
> «Sra. Goldberg», diz uma das senhoras. «Só queria dizer que os seus biscoitos estavam tão deliciosos que comi quatro.»
> «Comeu cinco», responde a sra. Goldberg. «Mas contar para quê?»

E à família:

A mãe judia, ao receber um telefonema da filha adulta, anuncia: «Estou muito fraca, estou morrendo de fome, faz duas semanas que não como.»

«Por que não, mãe?!»

«Porque eu não queria estar de boca cheia quando você ligasse.»

Qual a diferença entre uma judia e uma *shiksa*?

Claro que a mãe judia tem muito a dizer quando é outra pessoa que está morrendo de fome:

Uma vez, uma mulher sem-teto parou-a na rua: «Moça, faz três dias que não como.»

«Tente se obrigar a comer», respondeu ela.

Se «que comam brioche» é o erro cometido pelo excesso de dinheiro, «tente se obrigar a comer» é o erro cometido pelo excesso de análise:

Sadie Goldberg quer expandir seus horizontes intelectuais, por isso vai a uma palestra sobre «Sexualidade humana» com o dr. Feigenbaum, famoso psicanalista.

Ela fica tão encantada que, ao fim da palestra, decide falar com ele.

«Dr. Feigenbaum», diz ela, «quero que o senhor saiba que achei sua palestra fascinante. Só não entendi uma coisa. O senhor ficava falando de "bestialismo". O que é isso?»

«Ok», diz Feigenbaum. «Bestialismo é um ser humano ter relações com um animal.

Por exemplo, talvez você queira fazer sexo com um cachorro.»

«Um cachorro?!»

«Pois é, um cachorro. Ou talvez você queira fazer sexo com... um cavalo.»

«Um cavalo?!?!»

«Pois é, um cavalo. Ou talvez você queira fazer sexo com um touro.»

«UM TOURO???!!!!?!!»

«Pois é, um touro, ou de repente você quer fazer sexo com uma galinha...»

«Uma galinha? Nhé...»

Porém, embora Sadie Goldberg talvez tenha interesse por um touro, o marido de uma judia não vai se dar bem se a comparar com uma vaca:

Um casal humilde num *shtetl* pobre na Polônia não conseguia viver da fazenda, por isso eles perguntaram a um vizinho o que fazer. «Vocês têm de comprar uma vaca, alimentá-la e, quando ela estiver pronta, levá-la até um touro. Quando ela se acasalar, vocês terão um bezerro e, quando o bezerro crescer, vocês terão duas vacas.» Esse é o caminho da riqueza. Assim, eles pouparam, e pouparam, e pouparam, até que puderam comprar uma vaca. Então a engordaram e a levaram até o touro. Mas, sempre que o touro se aproximava da vaca, a vaca se afastava.

O casal estava nervoso, e decidiu perguntar ao rabino o que fazer. Eles disseram ao rabino o que estava acontecendo: «Sempre que o touro se aproxima da nossa vaca, ela se afasta. Se ele vem por trás, ela vai para a frente. Quando ele vem pela frente, ela recua. E, se ele chega de lado, ela simplesmente anda para o outro lado.»

O rabino pensou um instante e perguntou: «Vocês compraram essa vaca em Minsk?»

O casal ficou atônito. «O senhor é mesmo um rabino sábio», disseram eles. «Como o senhor sabia que compramos a vaca em Minsk?»

O rabino respondeu: «Minha esposa é de Minsk.»

Assim, conquistar o coração de uma judia é uma arte complexa e sutil:

Heschel tinha o maior respeito por seu amigo Abe. Abe conseguia qualquer mulher que quisesse – mesmo. «Me ensine como fazer isso», implorava Heschel.

«É fácil», disse Abe. «O truque para atrair as mulheres judias é você mostrar para elas que se importa com três coisas: comida, família e filosofia. Comida, porque isso significa que você se importa com o bem-estar físico delas. Família, porque isso significa que as suas intenções são sérias. Filosofia, porque isso significa que você respeita a inteligência delas.»

Heschel agradeceu pelos conselhos e chamou uma mulher de quem ele gostava para sair. «Me diga», começou ele, «você gosta de comer *kugel*?»

«Detesto *kugel*», respondeu a moça.

«Certo... E o seu irmão, ele gosta de *kugel*?», tentou ele outra vez.

«Não tenho irmão», ela respondeu.

«Entendi...» Heschel insistiu: «Mas me diga: se você tivesse um irmão, você acha que ele comeria *kugel*?

Mas a filosofia não é útil só para um encontro – ela também tem seu lugar no quarto:

Shmuley volta para casa e encontra roupas espalhadas por todo canto, e encontra também a esposa nua na cama, ajeitando o cabelo. Desconfiado, ele começa a procurar febrilmente por toda parte, até que enfim encontra seu velho inimigo Itzhik escondido no armário.

«O que», gagueja Shmuley, «você está fazendo aqui?»

«Todo mundo», responde Itzhik, «tem de estar em algum lugar.»

Ele tem razão. Talvez, porém, a defesa filosófica de Itzhik possa, em sua raiz, ser considerada histórica se lembrarmos de todos os judeus fora do lugar que foram forçados, em circunstâncias um tanto diferentes, a usar basicamente a mesma defesa quando estavam diante de interrogadores muito mais assustadores do que Shmuley.

Mas não nos preocupemos com Abe, Heschel, Shmuley ou Itzhik. Aqui estamos falando da mulher judia, e do que as piadas judaicas nos dizem dela. E o que elas dizem, para começar, é que ela não adere a nenhum dos lados do binarismo mais persistente do patriarcado – virgem / puta –, mas admite, no lugar dele, outro estereótipo: um estereótipo que ainda é sexista, mas do qual ela ao menos se apropria.

Porque você até consegue levar uma judia para a cama. Só que ela não facilita para você. Além disso, ela está sempre lidando com um milhão de outras coisas ao mesmo tempo:

Três velhos estão discutindo suas vidas sexuais.

O italiano diz: «Semana passada, minha esposa e eu transamos, e foi ótimo. Passei azeite no corpo inteiro dela, nos amamos apaixonadamente, e no fim ela gritou por cinco minutos.»

O francês se gaba: «Quando minha esposa e eu transamos semana passada, passei manteiga no corpo todo dela. Então nos amamos apaixonadamente, e ela gritou por quinze minutos.»

O judeu diz: «Semana passada, minha esposa e eu transamos. Passei gordura de frango no corpo todo dela, nos amamos, e ela gritou por seis horas.»

Os outros ficam atônitos e perguntam: «Mas o que foi que você fez para a sua esposa gritar por seis horas?»

«Limpei as mãos na cortina.»

Porém, como na lei judaica o sexo é considerado uma *mitzvah* (boa ação), até uma judia muito ortodoxa consegue encontrar motivos para gostar dele:

Um garoto religioso de 19 anos se casa com uma garota religiosa de 18 anos. Ambos são sexualmente inocentes antes do casamento. Depois da cerimônia e da celebração, eles vão para casa e fazem a *mitzvah*. Na segunda noite depois do casamento, ele diz a ela: «Sabe, eu tive uma avó, de abençoada memória, que me criou como um filho. Ela não pôde estar no nosso casamento. Em memória da alma dela, deveríamos fazer a *mitzvah* de novo.» Na terceira noite ele diz a ela: «Eu tinha um primo. Era como se fôssemos irmãos. Ele morreu jovem demais. Em sua memória deveríamos fazer a *mitzvah* de novo.» E eles fazem. Na quarta noite, ele menciona outro primo. Na quinta noite, um tio, depois uma tia e um tio-avô.

Chegando o *shabat*, ela vai à sinagoga. As amigas todas a cercam: «Nu, que tal ele?» «É um idiota, mas a família me dá *nachas* [prazer].»

Para achar essa piada tão engraçada quanto eu – e eu a acho engraçadíssima –, você precisa entender o contexto: a importância, em círculos ortodoxos, de casar-se com alguém de uma família respeitável. Apenas dessa maneira você pode ter a expectativa de rir alto do que considero a principal revelação da piada: que, por mais que você tente esconder aquilo de que você gosta sob o véu da respeitabilidade – por exemplo, sob a santidade do casamento –, ainda assim não existe isso de «prazer inocente».

Como assim?[17]

Recordando, duas pessoas jovens, religiosas e sem experiência sexual são capazes – muito mais do que gostariam que acreditássemos – de seguir a lógica de seus próprios desejos. Porém, se ao longo da piada tomamos consciência de como o noivo se vale de um discurso piedoso para os fins de seu próprio prazer, é a revelação na *punchline* das satisfações polimorficamente perversas da noiva – isto é, o prazer identificado como «*nachas*» na piada é a enorme excitação sentida por uma judia que percebe que «fez um bom casamento» – que realmente entrega o jogo. Porque, caramba, aqui temos uma judia que, não menos do que o judeu, não menos do que ninguém, tem perversões todas suas! Isto é, ela tira prazer de sentir que aqui há algo a mais para ser gozado, algo que está além ou ao lado do que ela recebeu oficialmente. Assim, seu prazer sexual não é diferente do prazer que nós temos com a piada: o prazer do segredo, da duplicidade, de um duplo sentido. Trata-se, então, em outras palavras, de uma piada cuja perturbação cômica da inocência presumida dos protagonistas ilustra perfeitamente aquilo que delicia e que perturba a todos nós naquela

---

17 Um benefício de incluir uma piada abstrusa, que provavelmente será entendida por poucos leitores, é que o trabalho sem graça de em seguida explicar e interpretar a piada ficaria um pouco menos pior.

forma cotidiana de rompimento de tabus que tentamos fazer com que não pareça nada ou que pareça só um prazer inocente – como apenas uma piada.

O crucial, porém, é que, não importando o que a excita, a piedade da moça está além de qualquer censura. Ela não faz nada escancaradamente transgressor. Pelo contrário, ela está cumprindo seu dever – seu dever conjugal. Assim, ela tem dificuldades para explicar o sexo – ou o prazer – que não é uma *mitzvah*:

> Becky volta para casa e encontra o marido na cama com sua melhor amiga. Chocada, ela cai em cima da amiga: «Eu – é minha obrigação, mas e você?

De fato, a alcova é cheia de filosofia.

Agora, se é preciso levar a judia para a cama no papo, dizem que as *shiksas* estão sempre a fim:

> Um rabino e uma bela modelo estão presos no elevador. A modelo se vira para o rabino e diz: «Antes de apertarmos o alarme... Preciso confessar que... que... eu sempre tive a fantasia de fazer sexo com um rabino. Por que não aproveitamos a oportunidade?
>
> O rabino pensa um instante e pergunta em seguida:
>
> E eu vou ganhar o quê com isso?

E a obsequiosidade delas não tem fim:

Uma congregação honra um rabino por 25 anos de serviços dando-lhe uma viagem para o Havaí com tudo pago.

Quando o rabino entra no quarto do hotel, há uma mulher lindíssima deitada nua na cama. Ela diz ao rabino que está à disposição dele a qualquer momento durante a viagem. Naturalmente, o rabino fica chocado e profundamente envergonhado. Quem teria ousado imaginar que ele sequer gostaria de uma coisa dessas?

A mulher diz a ele quem está pagando por seus serviços. Ele pega o telefone, liga para a sinagoga e manda chamar o presidente da congregação: «Onde está o seu respeito, como você poderia fazer algo assim? Por acaso alguma vez eu fiz algo para sugerir que sou o tipo de pessoa que apreciaria esse tipo de "presente"? Sendo seu rabino, estou muito ofendido e muito zangado.»

Enquanto ele continua a repreender o presidente, a mulher se levanta e começa a se vestir, sem querer envergonhar o rabino mais do que o necessário.

O rabino se vira para ela e diz: «Aonde é que você vai? Não é com você que eu estou zangado.»

Adoro essa piada, mas essa piada é «com quem», exatamente? Será que estou rindo de uma calúnia antissemita – de uma piada essencialmente racista a respeito de judeus hipócritas? Ou será que a piada é uma acusação mais sutil, mas ainda bem antissemita, da sofisticação dos judeus religiosos em particular? Ou será que se trata de uma piada não tanto a respeito dos judeus, mas a respeito dos homens – no sentido de todos os homens, incluindo os rabinos? A menos, é claro, que seja uma piada sobre cada um de nós – uma piada sobre aquelas manobras de autojustificação que sempre se pode discernir nas entrelinhas de praticamente qualquer sistema de moralidade pública. (Embora o fato de ser um rabino que nos ensina essa lição moral – uma lição moral a respeito da imoralidade da moralidade – a deixe um tantinho mais engraçada):

Um rabino que lidera uma congregação há muitos anos está chateado com o fato de que nunca conseguiu comer porco. Assim, ele bola um plano em que voa para uma ilha tropical remota e faz *check-in* num hotel. Imediatamente ele vai ao melhor restaurante e pede o prato de porco mais caro do cardápio, um leitão inteiro.

Enquanto ele aguarda ansiosamente ser servido, ouve seu nome ser chamado do outro lado do restaurante. Ele ergue os olhos e vê dez dos membros mais fiéis da congregação se aproximarem. Para a sorte dele, eles escolheram o mesmo momento para visitar o mesmo local remoto!

Bem naquela hora, o garçom chega com uma enorme bandeja de prata com um porco assado inteiro, com direito a uma maçã na boca. O rabino ergue os olhos, acanhado, para o grupo e diz: «Vejam só! Aqui neste restaurante você pede uma maçã e olha só o que vem junto!»

Bem, ao menos isso é diferente da calúnia padrão do homem que consiste em culpar uma mulher pela vontade que ele mesmo tem de comer maçãs proibidas.

E não era uma mulher qualquer...

Qual a diferença entre uma mãe judia e uma sogra judia?

É esta:

Goldie e Frieda estavam batendo papo. Diz Goldie: «E então, como vai a sua filha?»

Frieda responde: «Ah, vai bem. Minha filha é casada com um homem absolutamente maravilhoso. Ela não precisa cozinhar, ele sempre a leva para sair. Ela não precisa limpar a casa, ele arrumou uma faxineira para ela. Ela não precisa trabalhar, ele tem um trabalho ótimo. Ela não precisa se preocupar com os filhos, ele arrumou uma babá.»

Então Goldie pergunta: «E o seu filho, como é que tem passado?»

Frieda diz: «Está péssimo. Ele se casou com uma bruxa. Ela o obriga a levá-la para jantar toda noite, nunca cozinha nada. Fez ele arrumar uma faxineira, nunca que ela vai passar o aspirador no carpete! Ele tem de trabalhar feito um cão, porque ela não arruma um emprego, e ela nunca cuida dos filhos, porque fez ele arrumar uma babá!»

Ui.

Mas primeiro tratemos da sogra:

Uma cidade judaica carecia de homens para fins matrimoniais, por isso tentou importar homens de outras cidades. Por fim, um futuro noivo chegou de trem, e duas sogras o aguardavam, cada uma reclamando a verdadeira posse dele.

Um rabino foi chamado para resolver o problema. Após pensar por alguns minutos, ele disse: «Se a situação é essa, se as duas reclamam o noivo, vamos cortá-lo ao meio e dar uma metade para cada uma.»

Ao ouvir isso, uma mulher respondeu: «Se é assim, tudo bem, ele pode ficar com a outra.»

O rabino enunciou sabiamente: «Que assim seja. Se ela está disposta a cortá-lo ao meio, então é essa a verdadeira sogra!»

Enquanto um sogro às vezes consegue disfarçar seus verdadeiros sentimentos...

Uma menina traz para casa seu novo namorado, um jovem e sério estudioso da Torá, para conhecer seu pai. O pai leva o rapaz para o escritório e começa a lhe fazer perguntas.

«Então», diz o pai, «você é estudioso da Torá. Como você pretende sustentar a minha filha?»

«Não se preocupe», diz o rapaz. «Deus proverá.»

«E onde vocês dois vão morar?», pergunta o pai.

«Não se preocupe, Deus proverá.»

«E como você vai sustentar seus filhos?»

«Não se preocupe», diz o rapaz. «Deus proverá.»

O pai termina sua conversa e o rapaz vai embora. A filha então chega e pergunta ao pai: «Então, o que você achou?»

«Gostei dele», diz o pai. «Ele acha que eu sou Deus.»

Uma sogra sempre vai deixar claro o que sente:

Jake foi visitar os pais. Disse: «Finalmente encontrei meu verdadeiro amor. Só para me divertir, vou trazer três mulheres e vocês podem tentar adivinhar qual é.»

No dia seguinte ele trouxe três belas mulheres, que se sentaram no sofá e conversaram com os pais enquanto todos comiam uma torta. Depois que elas foram embora, ele os desafiou: «Certo, então com qual delas eu vou casar?»

«A do meio, de cabelo vermelho», respondeu a mãe no mesmo ato.

«Ela mesma! Mas... Como vocês descobriram?», perguntou Jake, impressionado.

«Foi fácil», disse a mãe. «Dela nós não gostamos.»

O que não significa que ela não vá receber na mesma moeda:

Sadie está morrendo. No leito de morte, ela diz ao marido: «Shlomo, quero que você me prometa uma coisa.»

«Qualquer coisa, meu amor», diz Shlomo.

«No dia do meu funeral, quero que você cuide da minha mãe. E você e ela têm de ir juntos no mesmo carro», diz Sadie.

Shlomo fica mal. Tem dificuldades. Enfim, diz: «Por você, no seu funeral, eu faço isso. Mas vou avisar desde já: isso vai arruinar esse dia completamente para mim.»

Quando se trata da própria mãe, no entanto, um homem judeu enxerga as coisas de um jeito bem diferente:

Hymie está fora de si – a esposa está de cama, e está claro que ela está morrendo. Nada a deixa animada – nem água, nem uísque, nem comida de nenhum tipo. «Será que existe alguma coisa que eu possa fazer para trazer alguma alegria a você nos seus últimos instantes?», roga ele.

«Bem, existe uma coisa», responde ela. «Eu gostaria de ter relações com você, Hymie, uma última vez.»

Hymie faz a vontade dela. Milagrosamente, a esposa fica completamente reanimada depois da cópula. Ela não apenas está melhor, mas está melhor do que nunca. Ela pula da cama, pronta para qualquer coisa. Hymie, ao ver isso, começa a chorar.

«Mas o que houve, meu Hymie?», pergunta ela. «Você não está feliz por me ver tão bem? Vamos passar muitos outros anos juntos.»

«Não é isso», soluça Hymie. «É só que fiquei pensando – eu poderia ter salvo a mamãe!»

A piada judaica tem, portanto, uma teoria de culpa neurótica que tanto amplia quanto revê aquela que herdamos de Freud; afinal, como vemos aqui, o que faz com que o filho judeu sinta mais culpa é precisamente ele não ter sido incestuoso (teoria essa que eu, pessoalmente, acho que tem certa quilometragem).

Ah, mas dane-se isso de Édipo, desde que ele ame a mãe:

Mãe 1: Meu filho me ama muito – está sempre me comprando presentes.

Mãe 2: Meu filho me ama muito – está sempre me levando para viajar.

Mãe judia: Isso não é nada. Meu filho me ama tanto que vai ver um médico especial cinco vezes por semana só para falar de mim.

Devemos ter piedade da mãe judia! Às vezes parece que toda a indústria do humor judaico existe apenas para brincar com ela: narcisista, mártir de si mesma, sufocante, indutora de culpa, histérica, paranoica, presunçosa, reclamona, castradora – francamente, existe algum pecado do qual ela não tenha sido acusada por seus filhos ingratos?

A filha, certamente, explica o mundo dela:

Mitzy corre para o telefone quando ele toca, e ouve com alívio a voz bondosa em seu ouvido.

«Tudo bem, querida?», pergunta ela. «Como está sendo o seu dia?»

«Ah, mãe», diz ela, começando a chorar lágrimas amargas. «Que dia péssimo. O bebê não come, e a máquina de lavar quebrou. Não tive um momento para fazer compras e, além disso, acabei de torcer o tornozelo e preciso ficar me arrastando. E ainda por cima, a casa está uma bagunça, e esta noite vou receber dois casais para jantar.»

A mãe fica chocada e imediatamente se torna toda simpatia. «Ah, querida», diz ela, «sente-se, relaxe e feche os olhos. Em meia hora estou aí. Vou fazer as compras, limpar a casa e cozinhar o jantar para você. Vou alimentar o bebê e vou chamar alguém para consertar a máquina. Agora pare de chorar. Vou fazer tudo. Aliás, vou até ligar para o escritório do Simon e falar para ele vir para casa ajudar uma vez na vida.»

«Simon?», diz Mitzy. «Quem é Simon?»

«Simon, ora! Seu marido!»

«Nada disso. Meu marido se chama Schlomo.»

«Ah, desculpe. Devo ter ligado para o número errado.»

Há uma breve pausa antes que Mitzy diga: «Isso quer dizer então que você não vai vir?»

Porém, quando se trata de botar a culpa nas mães, a vítima definitiva da mãe judia é seu pobre filho emasculado, que é o primeiro a apontar o dedo e a gritar: «*J'accuse*». Afinal, ele é famoso por ser o objeto de um orgulho maternal tão gigantesco que ela não consegue parar de se gabar dele nem quando ele está em perigo mortal:

«Socorro! Socorro! Meu filho – que é médico! – está se afogando!»

Isso apesar de seu narcisismo materno ter criado raízes muito antes, obviamente:

A sra. Cohen tem o prazer de anunciar o nascimento de seu filho, o dr. David Cohen.

O anúncio pode soar prematuro, mas você tem de lembrar em que momento se diz que a vida começa na tradição judaica:

Na tradição judaica, o feto só é considerado um ser humano viável depois de formado em medicina.

E na verdade a sra. Cohen previu também o Instagram:

Um dia, empurrando David no carrinho, ela esbarra na sra. Shindler.

«Ah, mas que bebê mais lindo!», derrete-se a sra. Shindler.

«Ah, que nada», responde a sra. Cohen. «Você devia ver as fotos dele.»

Mas é isso que se tem numa cultura que põe a família em primeiro lugar:

Morris, 91 anos, e Sophie, 89 anos, casados há 66 anos, vão ao advogado para divorciar-se. Perplexo, o advogado pergunta: «Por que esperaram isso tudo, se já fazia tanto tempo que vocês estavam mal?»

Sophie responde: «Estávamos esperando as crianças morrerem.»

E uma cultura que fará tudo o que for necessário para manter próximas as pessoas que se amam:

Goldie Cohen, uma senhora idosa judia de Nova York, vai até a agência de viagens. «Quero ir à Índia.»

«Sra. Cohen, por que a Índia? Ela é imunda e muito mais quente do que Nova York.»

«E a viagem é longa, e aqueles trens, como a senhora vai fazer? O que a senhora vai comer? A comida é quente demais, apimentada demais para a senhora. A senhora não pode tomar aquela água. Não pode comer frutas e legumes sem serem cozidos. Vai ficar doente: a peste, hepatite, cólera, febre tifoide, malária, só Deus sabe. O que vai fazer? Pode imaginar o hospital, sem nenhum médico judeu? Por que se torturar?»

«Quero ir à Índia.»

Os arranjos necessários são feitos, e lá vai ela. Ela chega à Índia e, sem se deixar intimidar pelo barulho, pelo cheiro e pelas multidões, abre caminho até um *ashram*. Ali ela entra na fila aparentemente sem fim de pessoas que aguardam para falar com o guru. Um assistente lhe diz que ela vai ficar pelo menos três dias na fila para ver o guru.

«Está bem.»

Enfim, ela chega aos sublimes portais. Ali lhe dizem com firmeza que ela só pode dizer quatro palavras.

«Certo.»

Ela é levada ao interior do santuário, onde o sábio guru se assenta, pronto para conceder bênçãos espirituais aos ansiosos iniciados. Pouco antes de ela chegar ao santo dos santos, outra vez lhe recordam: «Não esqueça, quatro palavras apenas.»

Ao contrário dos outros devotos, ela não se prostra aos pés dele. Ela fica de pé, bem diante dele, cruza os braços, fixa o olhar no dele e diz: «Sheldon, volte para casa.»[18]

Então, se a mãe judia pode ser superprotetora:

---

18 Sempre que ouço essa piada, é sempre com o nome Sheldon na *punchline*, o que data a piada (remontando-a às correntes da contracultura dos Estados Unidos nas décadas de 1950 e de 1960), mas que também faz com que a piada pareça impossível de atualizar: nenhum outro nome parece igualmente engraçado, nem funciona tão bem.

O que é um suéter judaico? É uma roupa de lã que o filho usa quando a mãe está com frio.

É só porque ela não gosta de vê-lo sentado o dia todo feito um guru sem fazer nada de útil.

Pelo contrário, ela tem ambições quanto a ele:

Um garotinho judeu está contando à mãe que vai fazer um papel na peça da escola. A mãe pergunta: «Qual papel você vai fazer, Saul?» Saul responde: «Vou fazer o marido judeu». A mãe responde: «Ora! Vá falar agora mesmo com essa professora e diga a ela que você quer um papel COM FALAS!»

Alto lá! Será a mulher que, de fato, tem o papel com mais falas em todas essas piadas judaicas? Ou será que essas piadas não são em sua maioria contadas por homens exatamente para atribuir sua própria culpa – ou sua própria judeidade – a uma mulher? E, como sabemos, foi Adão, o primeiro homem, quem preparou o caminho para isso, atribuindo seus próprios *tsores* a Eva, a primeira mulher.

Adão começou uma tendência. Afinal, quem, na vida de qualquer homem, é a primeira mulher, se não a mãe – uma mulher tão espetacularmente poderosa que ele entrou no mundo inteiramente por causa dela, e em seguida dependeu dela para sua própria sobrevivência? Portanto, ter mãe por si só já é o que emascula. E isso vale em dobro para os homens judeus – especialmente para os homens judeus de famílias imigrantes de primeira geração, que tendiam a ter menos poder no mundo do que os homens gentios, o que os submetia a mais vida doméstica e mais mãezices. Por isso, embora em certa medida todas as piadas que os homens judeus contam a respeito das mulheres judias pareçam na verdade piadas sobre a influência avassaladora de suas mães, esse implacável falar mal das mães da comédia *stand-up* judaica masculina durante o auge das décadas de 1950 e 1960 deve ser visto no contexto de um pano de fundo histórico distinto.

Dito isso, a mais notória criação cômica do estereótipo da mãe judia vem não do patriarca bíblico, nem do comediante secular, mas de um romancista. É o «personagem mais inesquecível» de Philip Roth: Sophie Portnoy, a mãe judia indutora de culpa *par excellence*.[19] Como reclama Alex, o filho que sofre com ela:

A legenda gravada no rosto da moeda judaica – no corpo de toda criança judia! –, não é CONFIAMOS EM DEUS como no dólar, mas UM DIA VOCÊ TERÁ FILHOS E VAI ME ENTENDER.

---

19 Roth intitula a primeira parte do romance, sobre Sophie, «O personagem mais inesquecível que já conheci».

E o romance abrange exclusivamente o monólogo de Alex deitado no divã do psiquiatra, reclamando incansavelmente dos males que lhe foram causados pela onipotência que ele, em suas fantasias, atribuía à mãe:

> Diz uma piada da família que, quando eu era pequeno, virei o rosto da janela, através da qual eu via uma tempestade de neve, e perguntei, esperançoso: «Mamãe, nós acreditamos em inverno?»

Se um ato falho freudiano é quando você diz uma coisa mas quer dizer sua mãe, então toda piada é uma «piada de família».

Qual a diferença entre um comediante judeu e uma comediante judia?

Alexander Portnoy reclama que «sou eu o filho na piada de judeu – só que não é piada!». Porém é Sophie – alvo não apenas do antissemitismo internalizado da piada judaica, mas também de uma grande dose de misoginia– que pode realmente ser vista afogando-se na piada judaica. Então quem vai salvá-la, pergunta Grace Paley, outra autora, «do filho médico e do filho romancista»?

Ora, a piadista mulher, é claro!

Mas circula um rumor desagradável por aí, volta e meia você o escuta de novo: as mulheres não são tão engraçadas quanto os homens. A resposta que você sempre quer dar é esta: bem, elas talvez tentem não rir na sua cara. Afinal, as mulheres, em público, estão muito mais atadas às convenções da civilidade – de ter de agradar todo mundo o tempo todo –, o que pode fazer com que rir dos outros seja algo mais arriscado para elas. Isso era algo que a falecida Joan Rivers, talvez a mais ácida das comediantes femininas, entendia bem até demais. «Uma das coisas mais rebeldes que uma mulher pode fazer», disse ela uma vez, «é deixar as pessoas pensarem que ela é cruel». Em outras palavras, o mero fato de uma mulher ser engraçada em público pode esclarecer um pouco o grau em que uma cultura misógina transformou a comédia – incluindo a comédia judaica – num clube masculino ultradefensivo.

Não que seja tão difícil assim fazer graça dos rapazes:

> Meus ancestrais vagaram perdidos no deserto por quase quarenta anos porque, mesmo na época da Bíblia, os homens não queriam parar para pedir ajuda.
> *Elayne Boosler*

> A maioria dos homens ainda está secretamente zangada com a mãe por ela ter jogado fora seus quadrinhos. Hoje eles valeriam muito dinheiro.
> *Rita Rudner*

> Minha mãe sempre diz: não se case por dinheiro, divorcie-se por dinheiro.
> *Wendy Liebman*

> Não tenho filhos. Bem, pelo menos nenhum que eu conheça.
> *Cathy Ladman*

Mas as comediantes judias fazem mais do que apenas dar golpes baixos onde sabem que vai doer. Elas também usam suas apresentações para criticar os estratagemas da comédia centrada no homem. Quando ouvimos as piadas dos homens contadas pelas mulheres, é impossível não as ouvir de outro jeito – é por isso que aquela fala de Cathy Ladman, que papagaia palavra por palavra uma fanfarronice masculina das mais estereotípicas, é um dos momentos mais hábeis de superação de espirituosidade que se pode querer.

E a mesma lógica se aplica duplamente quando as mulheres fazem piadas a respeito de áreas da experiência humana em que nenhum comediante homem poderia realmente se safar. Eis, por exemplo, Sarah Silverman:

> Fui estuprada por um médico, o que para uma garota judia é algo triste, ou não.

Aos meus ouvidos, há uma diferença enorme entre essa «piada de estupro» dita por uma mulher e dita por um homem, mas nem todos acreditam que o gênero contribui de qualquer maneira para justificar a brincadeira. E esse, resumidamente, é o problema para o comediante – especialmente para a comediante mulher, cujo uso de obscenidades ou de agressividade sempre produz mais escândalo –, porque sempre haverá aqueles que vão se escandalizar com cada piada que ela contar. Daí o conselho de Joan Rivers: «Não pedimos desculpas por piadas. Somos comediantes. Estamos aqui para fazer você rir. Se você não entender, não assista.»

Esse conselho pode ser inspirador para Sarah Silverman. Porque é verdade, as piadas de Silverman incomodaram de fato algumas mulheres – incluindo algumas mulheres judias[20] – e é também verdade que Silverman foi acusada, assim como Philip Roth na década de 1960, de ódio de si mesma. Assim, num número como o de Silverman vemos outra vez as mesmas velhas perguntas sendo feitas: essa piada é desnecessariamente ofensiva? Será que, no fim das contas, ela chega mesmo a ser espirituosa? E, em última instância, será ela defensável ou indefensável?

E, como sempre, o contexto é tudo: sempre depende de quem está contando a piada, de quem a está ouvindo e com que objetivo. Roth, por exemplo, garantia que ainda não tinha recebido nenhuma carta de agradecimento de uma organização antissemita. E, até onde sei, os misóginos também não escreveram para agradecer a Silverman pelos grandes serviços que ela prestou à sua causa. Assim, se é importante estar atento às sensibilidades, é igualmente importante desconfiar da polícia do humor, desses vigilantes da *punchline* que tantas vezes acabam silenciando as pessoas mesmas que afirmam defender. Afinal, embora o humor, na maioria das situações, raramente seja a única resposta, e de jeito nenhum seja sempre a melhor, o que a falta de humor nunca reconhece é o quanto um senso de humor pode ser útil para confrontar aquilo que você acha ofensivo, incluindo as piadas ofensivas – como se pode

....

20 Me ponha contra a Sarah Silverman, que eu ganho. *Joan Rivers*

ver pela longa tradição de comediantes que põem seus abusadores em apuros fazendo com que a lama que lhes jogam se torne um bem valioso: um material com o qual eles trabalham.

Considere, por exemplo, Amy Schumer, outra comediante judia americana, que despertou os previsíveis berros de escândalo após tuitar esta imagem de si própria:

Na imagem: «Uma judia com cornos.»

E que, depois, agravou sua «ofensa» parodiando a exigência de que pedisse desculpas com um novo tuíte:

.@amyschumer my bad. I meant to say "A Jew with 2 horns"

RETWEETS 26   LIKES 490

1:32 PM - 2 Mar 2016

Na imagem: «foi mal. Quis dizer uma judia com dois chifres.»

Alguns alegam que essas respostinhas fazem Schumer reforçar os horrendos estereótipos dos judeus ao longo de sua história. Mas não podemos em vez disso vê-los como uma intervenção nessa história? Porque aquilo que vemos com a jocosidade de Schumer não é antissemitismo, decerto, mas exatamente o contrário: uma mulher judia engraçadíssima pegando a história pelos chifres.

Qual a diferença entre um rei
e um mendigo?

Desde que o primeiro macaco escorregou na primeira casca de banana, o senso de humor assumiu um senso do escorregadio – um senso com o qual você encontra o que é engraçado não apenas na piada, mas com o qual você pode transformar o que é engraçado a respeito da piada.

A piada judaica é um exemplo. O debate a respeito de as piadas judaicas combaterem o antissemitismo ou serem na verdade formas dele não tem nada de novo. Nos maus e velhos tempos, por exemplo, havia claramente um modo antissemita de interpretar a piada a respeito do judeu que, ao descobrir que o outro passageiro também é judeu, imediatamente põe os pés no assento à frente («Está vendo! Os judeus, entre si, revelam quem realmente são... sujos e incivilizados!»). E, no entanto, foi precisamente aqui que aquele famoso promotor do ato falho – Sigmund Freud – identificou outra coisa: o espírito democrático de um povo que não vai tolerar hierarquia nenhuma, porque, em última instância, todos são membros da mesma família humana.

Isso fica bem claro na típica piada judaica do mendigo / *schnorrer*. Nas histórias orais chassídicas, o *schnorrer* na parábola invariavelmente se revela um rei (ou um anjo) disfarçado. Mas na piada judaica é o contrário, pois agora é o nobre que acaba implorando exasperadamente:

Um *schnorrer* tenta sem sucesso encontrar-se com Rothschild. Por fim, fica do lado de fora da mansão da família e grita: «Minha família está passando fome, e o barão se recusa a me ver!»

Rothschild aquiesce e dá trinta rublos ao *schnorrer*. «Aqui», diz ele. «E vou dizer: se você não tivesse feito esse escândalo todo, eu teria dado sessenta rublos.»

«Meu caro barão», responde o *schnorrer*, «eu não digo como o senhor deve gerir os seus negócios, então o senhor não venha me dizer como gerir os meus.»

* * *

Em Roma, dois mendigos estão sentados no chão, perto um do outro. Um está com um grande crucifixo. O outro, com uma Estrela de Davi. Não é preciso dizer que o prato do primeiro fica cheio logo, e o do segundo fica praticamente vazio.

Depois de algum tempo, um padre bondoso passa e avalia a situação. Ele diz ao mendigo judeu: «Filho, você deveria tirar a Estrela de Davi. Você nunca vai ganhar dinheiro o bastante usando isso.»

Depois que ele sai, o mendigo judeu vira para o outro com cara zangada: «Viu esse sujeito, querendo ensinar os irmãos Goldberg a gerir seu negócio?»

* * *

O *schnorrer* pediu ao barão algum dinheiro para uma viagem a Ostend; o médico tinha recomendado banhos de mar para seus problemas. O barão achava que Ostend era uma estação particularmente cara; será que outra mais barata não teria o mesmo efeito? O *schnorrer* discordou. «Senhor barão», disse ele, «nada é caro demais quando se trata da minha saúde».

* * *

Um homem pobre e desesperado pegou cem libras emprestadas de um conhecido rico. No mesmo dia, seu benfeitor o encontra num restaurante com um prato de caviar.

«Como assim? Você vem pedir dinheiro emprestado e vem comer caviar? Foi para isso que você me pediu dinheiro?»

«Não estou entendendo», respondeu o pobre homem. «Se não tenho dinheiro nenhum, não posso comer caviar, e se tenho algum dinheiro não posso comer caviar. Então quando é que eu posso comer caviar?»

* * *

Um *schnorrer,* que todo *shabat* podia entrar na casa de um rico, um dia traz um rapaz desconhecido com ele e senta-se para comer.

«Quem é esse?», perguntou o dono da casa.

«É meu novo genro», respondeu o *schnorrer*. «Prometi que iria alimentá-lo no primeiro ano.»

***

Chernov, o *schnorrer* de Petrogrado, tinha um patrono muito rico que, por algum motivo obscuro, tinha simpatia pelo atrevido mendigo. Todo ano ele dava a Chernov uma bela soma – nunca menos do que quinhentos rublos. Um ano, porém, o rico deu-lhe apenas 250 rublos.

«O que significa isso?», perguntou o *schnorrer* insolente. «Isso é só metade do que você costuma me dar!»

«Desculpe, Chernov, mas este ano preciso diminuir as despesas», desculpou-se o rico. «Meu filho se casou com uma atriz, e eu que estou pagando as contas todas.»

«Ora, mas veja só que *chutzpah*!», estrondou Chernov, furioso. «Se o seu filho quer sustentar uma atriz, problema dele. Agora, como ele ousa fazer isso com o meu dinheiro!»

Pensando no conceito judaico de *tzedaká* – uma forma de caridade equiparável à justiça social –, Freud diz: «A verdade que está por trás é que o *schnorrer*, que em seus pensamentos trata o dinheiro do rico como seu próprio, na verdade tem, segundo as sagradas ordenações dos judeus, quase o direito de fazer essa confusão.» Assim, as mesmas piadas que difamam os judeus aos olhos de alguns surgem como poderosas lições na ética judaica aos olhos de outros. É claro que quanto a isso há limites:

> Um barão, profundamente comovido com a história triste de um *schnorrer*, mandou chamar os servos. «Expulsem-no daqui!», disse ele. «Ele está partindo meu coração!»

Qual a diferença entre judeus e israelenses?

S e dois judeus, sozinhos no mesmo trem, sentem que podem ficar à vontade, menosprezando as regras, então o que esperar do Estado judeu? Pode um país inteiro funcionar à base de *chutzpah*?

Tudo indica que sim. Em Israel, parece que predomina esse excesso de familiaridade nos modos:

No momento em que o avião pousou no aeroporto Ben Gurion, a voz do capitão avisou: «Por favor, permaneçam sentados, com os cintos afivelados, até que esta aeronave esteja totalmente parada e os sinais de apertar os cintos tenham sido desligados.

«Aos que estão sentados, desejamos um feliz Natal, e esperamos que vocês aproveitem sua estadia em Israel... E, aos que estão de pé se empurrando para chegar às portas, desejamos um feliz Hanukkah, e bem-vindos de volta.»

Mas há aqueles que mantêm uma grande diferença entre as personalidades diaspóricas e nacionalistas. Os israelenses, diz um personagem no filme *Santa paciência* (*The Infidel*, 2010), são «judeus sem angústia, sem culpa, ou seja, não são judeus de jeito nenhum». Ou, em outras palavras, o que permite reconhecer um judeu é sua autoconsciência diante de uma plateia, o que lhe traz um sentido insistente de como ele pode ser visto de fora:

> Num ônibus para Tel Aviv, uma mãe conversa em iídiche com o filho pequeno. Mas ele responde a ela em hebraico. Toda vez, a mãe o corrige: «Não, não, fale iídiche.»
>
> Um israelense cada vez mais exasperado, ouvindo isso tudo, quer saber: «Por que você insiste para que seu filho fale iídiche em vez de hebraico?»
>
> «Porque», responde a mãe do menino, «não quero que ele esqueça que é judeu.»

Em outras palavras, ela entende qual o problema: se a judeidade da diáspora se tornou sinônimo de diferença, então como pode a judeidade manter-se em Israel? Dificilmente se pode esperar que as divisões e as tensões estereotípicas a serem encontradas nas piadas da diáspora funcionem num lugar em que a maioria é composta de judeus:

> Um músico estava fazendo um recital solo em Israel. Ao terminar a apresentação, ficou aturdido com os gritos da plateia: «De novo!» Ele ficou incrivelmente comovido com essa resposta e tocou de novo, contente. Ao terminar a segunda vez, ficou atônito ao ouvir outra vez os pedidos: «De novo!»

Ele se curvou para a plateia, enxugou uma lágrima dos olhos e disse: «Nunca fui tão grato. Realmente, o maior desejo de qualquer músico é ter uma plateia capaz de estimá-lo assim. E eu gostaria muito de continuar tocando para vocês, mas infelizmente preciso ir para Tel Aviv, onde tenho de fazer outra apresentação esta noite.»

Nesse momento ouviu-se uma voz da plateia: «Você tem de ficar aqui e tocar de novo até tocar direito.»

O refinado músico mostra-se apenas mais um *schlemiel* que, igual ao Abraão de Kafka, imagina aplausos onde só há escárnio – só que agora quem escarnece são outros judeus. (É por isso que os israelenses, apesar da fama de terem maus modos, nunca farão sexo na rua: eles receiam que algum passante pare para dizer que estão fazendo algo do jeito errado.)

Então é claro que os israelenses já não são como aqueles judeus mansos e aterrorizados do fim da fila que encontramos nas piadas da Rússia soviética...

Um jornalista faz a mesma pergunta a um polonês, a um russo, a um americano e a um israelense.

Ele pergunta ao polonês: «Senhor, com licença, qual a sua opinião sobre a falta de carne?»

O polonês responde: «O que é 'carne'?»

Ele pergunta ao russo: «Senhor, com licença, qual a sua opinião sobre a falta de carne?»

O russo responde: «O que é 'opinião'?»

Ele pergunta ao americano: «Senhor, com licença, qual a sua opinião sobre a falta de carne?»

O americano responde: «O que é 'falta'?»

Então ele pergunta ao israelense: «Senhor, com licença, qual a sua opinião sobre a falta de carne?»

E o israelense responde: «O que é 'com licença'?»

Ainda há coisas, porém, que você não pode deixar para trás, e em Israel a propensão judaica para um senso de humor sombrio não apenas se manteve, como, na verdade, se intensificou:

Anat, em Jerusalém, ouve no noticiário que um café muito frequentado perto da casa de seus parentes em Tel Aviv sofreu um ataque a bomba. Em pânico, ela telefona para a prima, que lhe garante que está tudo bem com a família.

«E a Yael?», pergunta Anat pela adolescente que frequenta aquele café.

«Ah, a Yael», diz a mãe dela, tranquilizando-a, «a Yael está bem. Está em Auschwitz.»

... sendo Auschwitz o destino comum das viagens escolares israelenses.

E o cenho franzido do otimista também não desaparece em Israel:

As coisas estão indo mal para Israel. A ocupação, as perturbações sociais, a extrema direita atacando a extrema esquerda, a economia em queda livre, a inflação subindo e os imigrantes vindo de toda parte. Problemas, problemas, problemas, mas o que fazer? Assim, o Knesset faz uma sessão especial para chegar a uma solução. Depois de muitas horas de discussões sem nenhum progresso, um membro se levanta e diz: «Peço silêncio a todos, encontrei a solução para todos os nossos problemas.»

«Qual é?»

«Vamos declarar guerra aos Estados Unidos.»

Todo mundo começa a gritar ao mesmo tempo: «Você pirou! Ficou maluco!»

«Prestem atenção!», diz o ministro. «Nós declaramos guerra. Perdemos. Os Estados Unidos fazem o que sempre fazem quando derrotam um país. Eles reconstroem tudo − nossas estradas, aeroportos, portos, escolas, hospitais, fábricas −, nos empresta dinheiro e nos manda alimentos. Nossos problemas acabariam.»

«Mas isso», diz outro membro, «*só* se perdermos.»

Então as *punchlines* não morreram, mas apenas mudaram de lugar:

Quatro israelenses combinaram de encontrar-se num café. Passa-se um bom tempo e ninguém diz nada. Então, um homem resmunga: «*Oy*».

«*Oy vey*», diz um segundo.

«*Nu*», diz o terceiro.

Diante disso, o quarto se levanta da cadeira e diz: «Se vocês não vão parar de falar de política, eu vou embora!»

Assim, mesmo em «Sião», os judeus ainda estão *kvetchando*, e ainda estão sentados no escuro contando uns aos outros piadas sobre a falta de lâmpadas que permanecem a forma mais suportável disponível para transmitir uma história traumática. Porém, infelizmente essa transmissão traumática não para aí. Afinal, assim como os judeus da Diáspora transmitiram seu senso de humor sombrio aos israelenses judeus, os israelenses judeus parecem tê-lo passado aos… israelenses palestinos.

Ninguém transmite o absurdo trágico dessa situação melhor do que o engraçadíssimo autor palestino-israelense Sayed Kashua, cujos romances lembram Kafka, e cuja série de humor israelense, *Arab Labour*, é em parte inspirada em *Seinfeld*. «Uso muito humor», observa Kashua, «e sigo o ditado de que, se você quer dizer a verdade às pessoas, é melhor fazê-las rir primeiro, porque do contrário elas vão te matar». Tragicamente, ele não está brincando. O que ele está fazendo é conscientemente voltar a atenção para o modo como os palestinos foram envoltos não apenas nos aspectos traumáticos da história judaica, mas no espírito mordaz necessário para sobreviver a ela. Assim, o tom perturbadoramente forasteiro da sensibilidade cômica de Kashua faz com que «entender» suas piadas seja um modo implícito de aceitação da forma mesma de reconhecimento histórico que até agora, para os palestinos, foi negada politicamente.

Dito isso, o elemento primário que o humor judaico parece ter dado a Kashua é alguém a quem culpar pelos sofrimentos de seu povo:

> Eu não conseguia mais mentir para os meus filhos, dizendo-lhes que eram cidadãos iguais no Estado de Israel. Eles não podem ser iguais porque, para fazer parte, para ser aceito e para ser cidadão em Israel, você precisa de uma mãe judia. Assim, basicamente, o que eu estou tentando dizer aos meus filhos é que a culpa é da mãe deles, não minha.[21]

A piada é ao mesmo tempo engraçada e potencialmente esperançosa, se recordarmos a observação de Freud de que «rir das mesmas piadas é um indício de profunda conformidade psíquica». Afinal, se duas pessoas ou dois povos são capazes de rir juntos,

---

21 De uma entrevista na National Public Radio americana em 2016.

então não seria possível que eles também fizessem outras coisas juntos?[22]

---

22 O sonho é esse, mas atualmente a realidade não o reflete. Assim, em 2014, Kashua deixou de acreditar que poderia mudar as atitudes e levou a família para os Estados Unidos – uma mudança desesperadora, refletida em suas colunas semanais, cada vez mais sombrias, para o jornal israelense *Haaretz*. «Para que haja humor», explicou ele, «é preciso que haja esperança».

Qual a diferença entre a vida
e a morte?

«Tentaram nos matar, sobrevivemos, vamos comer» é o mantra de um povo cuja história exigiu que as crises fossem encaradas com calma. Porém, mesmo assim, alguém tem de preparar a comida:

O zeloso filho judeu está sentado ao pé da cama do pai. O pai está perto de morrer.

Pai: «Meu filho.»

Filho: «Sim, meu pai.»

Pai (com voz fraca): «Meu filho. Esse aroma. A sua mãe está fazendo meu *cheesecake* favorito?»

Filho: «Sim, meu pai.»

Pai (com a voz ainda mais fraca): «Ah, se eu pudesse comer só mais uma fatia do *cheesecake* da sua mãe. Você traria para mim?»

Filho: «Traria, meu pai.»

(O filho sai e vai na direção da cozinha. Depois de um tempo, o filho volta e se senta de novo ao lado do pai.)

Pai: «É você, meu filho?»

Filho: «Sou eu, meu pai.»

Pai: «Você trouxe o *cheesecake*?»

Filho: «Não, meu pai.»

Pai: «Por quê? É meu último desejo!»

Filho: «A mamãe disse que o *cheesecake* é para o funeral.»

E alguém ainda tem de pagar por ela:

Moshe estava no leito de morte quando ergueu a cabeça lentamente. «Mendel, você está aí?»

«Sim, Moshe, estou aqui.»

Um instante depois Moshe disse: «Izzi, você está aí?»

Izzi, seu filho, garantiu que estava ao lado dele.

«Jessica», disse Moshe, moribundo, «você está aí?»

«Estou aqui, papai», disse Jessica, tomando sua mão.

Moshe apoiou-se no ombro para erguer o tronco. «Então quem está tomando conta da loja?»

A resposta corajosa do gueto às situações extremas da vida não é a altivez, mas o senso prático:

Uma avó judia observava o neto brincando na praia quando veio uma onda enorme e o levou para o mar. Ela rogou: «Deus, por favor, salve meu único neto. Eu imploro: traga-o de volta.»

Uma grande onda vem e traz o garoto de volta à praia, novinho em folha.

Ela olha para o céu e diz: «Ele estava de chapéu!»

Tudo é uma questão de manter o olho na bola:

Um senhor judeu idoso é atropelado por uma bicicleta enquanto atravessa a rua. Depois de longos cinco ou dez minutos, a ambulância chega, os paramédicos colocam-no na maca, e o levam para a ambulância, balançando-o e batendo-o um pouco.

Enquanto correm para o hospital, um dos paramédicos põe a mão no ombro do idoso e pergunta: «O senhor está confortável?»

O velho dá de ombros: «Consigo me sustentar.»

Sem perder sua capacidade crítica:

Um velho judeu é atropelado por um carro e fica no chão, sangrando. Um padre passa e vem correndo. Ao ver o estado do homem, diz: «Você crê no Pai, no Filho e no Espírito Santo?»

O judeu responde: «Estou aqui morrendo e você está me fazendo charadas?»

(Ele ainda a tem.)

Se a sugestão nessa piada é que há uma sutileza na maneira como o judaísmo e o cristianismo separam a vida e a morte, podemos encontrar uma ideia parecida numa anedota contada pelo autor da nova Constituição da África do Sul pós-*apartheid*, o juiz Albie Sachs. Na época em que era militante contra o *apartheid*, Sachs foi vítima de uma bomba armada para matá-lo. Ao acordar no hospital e perceber que tinha sobrevivido à explosão, ele se lembrou de uma piada judaica:

Hymie Cohen cai da bicicleta e, ao levantar-se, faz os quatro movimentos do sinal da cruz, e alguém diz: «Hymie, não sabia que você era católico», e ele responde: «Como assim, católico? Óculos, testículos, carteira e relógio.»

«A primeira coisa que o camarada Albie fez», declarou depois o African National Congress, «foi ver se os testículos estavam no lugar!»

E foi também essa resposta inabalavelmente não espiritual à catástrofe («os testículos estão aqui, agora cadê meu chapéu?») que deu a Sachs esperanças no futuro de seu país: «É assim que teremos nossa nova África do Sul: o humor judaico, apelando ao sentido africano de contar histórias.»

Desse modo, para os judeus, poderia ser dito, a vida está onde está, já a morte nem tanto…

Cohen está no leito de morte e diz aos filhos para chamar um padre.

«Mas, mas, mas, pai…»

«Chamem o padre, já falei.»

Querendo atender seus desejos, eles chamam o padre. Cohen insiste em converter-se. Então melhora. Os meses passam. Um ano. Ele está em forma, indo à sinagoga, bem *kosher*, observando as festas. Eles tomam coragem e perguntam: «Aquela vez no seu leito de morte, pai, a conversão – o que foi aquilo?»

«Eu só pensei», diz Cohen, «melhor um deles do que um de nós.»

Qual a diferença entre a Trindade e o Todo-Poderoso?

S e o cristianismo teve uma relação ambivalente com o judaísmo tanto como progenitor quanto como traidor de seu próprio credo, o judaísmo foi não menos ambivalente em relação ao cristianismo:

Três provas de que Jesus era judeu:
1. Ele seguiu o ofício do pai.
2. Morou com os pais até os 33 anos.
3. Tinha certeza de que a mãe era virgem, e a mãe tinha certeza de que ele era Deus.

De um lado, ela é fonte de orgulho:

Um rabino uma vez perguntou a um padre, seu velho amigo: «Você pode ser promovido dentro da sua Igreja?»

O padre diz, cuidadosamente: «Bem, eu poderia me tornar bispo.»

O rabino insiste: «E depois disso?»

Com uma pausa para pensar, o padre responde: «Talvez eu pudesse até virar cardeal.»

«E depois?»

Após pensar mais algum tempo, o padre responde: «Um dia, quem sabe, eu poderia até chegar a ser papa.»

O rabino, porém, não está satisfeito. «E *depois?*»

Com um ar de incredulidade, o padre esbraveja: «O que mais eu poderia virar? Deus mesmo?»

O rabino diz baixinho: «Um dos *nossos* chegou lá.»

E, de outro lado, fonte de perplexidade:

Um pai judeu estava perturbado com aquilo que o filho tinha se tornado e foi procurar o rabino.

«Eu o criei na fé, fiz um *bar mitzvah* caro para ele. Os estudos dele me custaram uma fortuna. E ele vem me dizer semana passada que decidiu virar cristão! Rabi, onde foi que eu errei?»

«Engraçado você vir falar comigo», diz o rabino. «Como você, eu também criei meu filho na fé, paguei sua faculdade – custou uma fortuna –, e um dia ele também vem me dizer que decidiu virar cristão.»

«O que você fez?», perguntou o pai.

«Pedi a resposta a Deus», respondeu o rabino.

«E o que ele disse?», insistiu o pai.

«Deus disse: "Engraçado você vir falar *comigo…*"»

Porém é sempre bom quando os dois lados podem unir-se:

Cerca de um século atrás, o papa decidiu que todos os judeus tinham de ir embora de

Roma. Naturalmente, a comunidade judaica reagiu violentamente. Então o papa fez um trato. Ele participaria de um debate religioso com um membro da comunidade judaica. Se o judeu vencesse, os judeus ficavam. Se o papa vencesse, os judeus iam embora.

Os judeus perceberam que não tinham escolha. Procuraram um campeão que pudesse defender sua fé, mas ninguém queria apresentar-se. Era arriscado demais.

Assim, eles acabaram escolhendo um velho chamado Moishe, que passou a vida varrendo, para representá-los. Sendo velho e pobre, ele tinha menos a perder, por isso concordou. Ele só pediu um acréscimo ao debate. Como não estava acostumado a falar muito enquanto varria o assentamento, pediu que nenhum dos lados pudesse falar. O papa concordou.

Chegou o dia do grande debate. Moishe e o papa sentaram-se um na frente do outro por um minuto inteiro antes que o papa erguesse a mão e mostrasse três dedos. Moishe olhou de volta e ergueu um dedo. O papa descreveu um círculo com os dedos em volta da cabeça. Moishe apontou o chão em que estava sentado. O papa pegou uma hóstia e um cálice de vinho. Moishe pegou uma maçã. O papa se levantou e disse: «Desisto. Ele é bom demais. Os judeus ficam.»

Uma hora depois, os cardeais estavam todos em volta do papa, perguntando o que tinha acontecido. O papa disse: «Primeiro eu mostrei três dedos para representar a Trindade. Ele respondeu mostrando um dedo para me lembrar de que ainda havia um Deus comum a nossas duas religiões. Em seguida, movi os dedos em volta da minha cabeça para mostrar que Deus estava em meio a nós. Ele respondeu apontando o chão, mostrando que Deus também estava bem ali conosco. Mostrei o vinho e a hóstia para mostrar que Deus nos absolve dos nossos pecados. Ele pegou uma maçã para me lembrar do pecado original. Ele tinha resposta para tudo. O que eu podia fazer?» Nesse ínterim, a comunidade judaica estava reunida em torno de Moishe, impressionada porque aquele velho, quase demente, tinha feito o que todos os estudiosos disseram ser impossível. «O que aconteceu?», perguntaram.

«Bem», disse Moishe, «primeiro ele me disse que os judeus tinham três dias para ir embora. Falei que nenhum de nós ia embora. Em seguida ele me disse que não haveria judeu nenhum na cidade inteira. Falei que íamos ficar bem aqui.»

«E aí?», perguntou uma mulher.

Moishe deu de ombros. «Paramos para o almoço.»

Não que devamos ser pegos de surpresa pela religião:

Um padre, um imã e um rabino estão esperando, uma manhã, por um grupo particularmente lento de golfistas.

O rabino esbraveja: «Qual o problema desse pessoal? Já faz uns quinze minutos que estamos esperando!»

O imã se manifesta: «Nunca vi jogarem tão mal!»

O padre vê o *greenkeeper* e o chama. «Ei, George. Você tem alguma ideia do que está acontecendo com esse grupo à nossa frente? Eles são bem lentos, não?»

O *greenkeeper* responde: «Ah, são. É um grupo de bombeiros cegos. Eles perderam a visão salvando nossa casa do clube ano passado, então nós sempre deixamos eles jogarem de graça quando eles querem.»

O grupo fica calado um instante.

O padre diz: «Mas que triste. Essa noite vou orar especialmente por eles.»

O imã diz: «Boa ideia. Vou juntar doações para eles.»

O rabino diz: «E eles não podem jogar à noite?»

Embora essa seja uma piada em que o judaísmo mantém sua fama de religião mundana com ênfase em soluções práticas (em que sempre sai ganhando), a caridade judaica não parece muito digna quando contrastada com as outras religiões no campo de golfe. Se você ouvisse essa piada contada por um não judeu, portanto, talvez você se preocupasse com a motivação de quem a conta – e chegasse à pergunta inevitável: *será* possível para alguém que não é judeu contar esse tipo de piada com a consciência limpa... – *só* para dar risada?

E o mais engraçado é que a piada dos golfistas cegos é contada num romance americano recente, *Acordar outra vez* (*To Rise Again at a Decent Hour*, 2014), escrito por Joshua Ferris, que não é judeu. A piada é contada pelo protagonista, um dentista que, como o dentista de *Seinfeld*, tem a esperança de converter-se para uma versão do que ele entende ser o judaísmo, contando piadas judaicas antes de mais nada. E, assim como também em *Seinfeld*, o dentista do romance conta mal a piada, com *timing* comicamente ruim. Ele é acusado disso pela namorada judia, que não acha graça nenhuma:

«Por quê?», disse eu. «A piada é antissemita? Não é antissemita, é?»
Sempre tive a paranoia de que eu poderia estar dizendo algo antissemita.

Sempre teve a paranoia? *Isso* soa (judaicamente) familiar.

Qual a diferença entre
o homem e Deus?

Se os judeus não aceitam a crença cristã de que um homem também pode ser uma divindade, eles costumam ser muito bons em perceber o lado humano dos divinos.

Moshe e Abe eram parceiros numa fábrica de roupas muito bem-sucedida. Ela estava operando havia anos, e não havia muito o que eles ignorassem do ramo da *shmatta* [roupas]. Um dia, Moshe decidiu fazer uma viagem a Roma.

Como Abe tinha muitos amigos católicos, ele surpreendeu Moshe obtendo para ele uma audiência com ninguém menos do que o papa.

Assim que Moshe voltou ao trabalho depois da viagem a Roma, Abe perguntou: «E aí, Moshe? Como é o papa?»

«Hmmm…», disse Moshe. «Eu diria que é 44, normal.»

E quando se trata do Todo-Poderoso, os judeus também tendem a levar as coisas bem para o lado pessoal. Como reclama Tevye, personagem de Sholom Aleichem, dirigindo-se a Deus:

«Você ajuda desconhecidos – por que não me ajuda?»

Mas então, quando você conhece alguém há *tanto* tempo e mesmo assim esse alguém vira a cara, é difícil continuar fingindo que *não* é pessoal:

Uma jornalista ouviu falar de um velho judeu que ia rezar no Muro das Lamentações duas vezes por dia, todo dia, havia muito, muito tempo, então ela foi verificar. Ela foi ao Muro das Lamentações e lá estava ele, andando lentamente para o local sagrado. Ela o observou rezando e, depois de cerca de 45 minutos, quando ele se virou para ir embora, usando bengala e andando bem devagar, ela se aproximou dele para uma entrevista.

«Com licença, senhor. Como o senhor se chama?»

«Morris Feinberg», respondeu ele.

«Há quanto tempo o senhor vem rezar no Muro das Lamentações?»

«Há uns sessenta anos.»

«Sessenta anos! Impressionante! O senhor reza pelo quê?»

«Rezo pela paz entre cristãos, judeus e muçulmanos. Rezo pelo fim das guerras e do ódio. Rezo para que todas as crianças possam crescer em segurança e tornar-se adultos responsáveis, que amam seus semelhantes.»

«E como o senhor se sente depois de fazer isso há sessenta anos?»

«Como se eu estivesse falando com um muro.»

Os judeus há muito tempo perceberam que Deus pode às vezes decepcionar:

Moisés está andando nas colinas. Escorrega. Vendo que está pendurado entre o céu e a terra, ele grita: «Tem alguém aí?»

Uma voz responde lá de cima: «Sim, estou aqui. É Deus. Não se preocupe. Vou te salvar.»

Pausa.

Moisés: «Tem mais alguém aí?»

O que não significa que Deus seja um cara ruim. Antes, como disse Woody Allen, «Sabe, se *existe* um *Deus*, não acho que *Ele* seja mau. Acho que o pior que *dá* para dizer d'Ele é que, basicamente, *Ele fica aquém* das expectativas»[23]:

Um homem traz um material finíssimo para um alfaiate e pede que ele faça calças. Quando volta, uma semana depois, as calças não estão prontas. Duas semanas depois, ainda não estão prontas. Finalmente, seis semanas depois, as calças estão prontas. O homem experimenta as calças. Estão perfeitas. Mesmo assim, quando chega a hora de pagar, ele não resiste a dar uma alfinetada no alfaiate.

------

23 Em *A última noite de Boris Grushenko* (*Love and Death*, 1975).

«Sabe», diz ele, «Deus levou apenas seis dias para fazer o mundo. E você precisou de seis semanas só para fazer essas calças.»

«Ah», diz o alfaiate, «mas veja só essas calças, e veja só o mundo...»

O mundo, portanto, foi um trabalho meio apressado. E se isso explica o atual estado dele, então explica também por que o homem, produto de apenas um dia de trabalho, também não supera, por sua vez, as expectativas:

Moishe está dirigindo em Jerusalém. Está atrasado para uma reunião e está procurando, sem encontrar, uma vaga para o carro. Desesperado, ele se volta para o céu e diz: «Deus, se encontrares para mim uma vaga, prometo que só vou comer comida *kosher*, que vou respeitar o sábado e todas as festas.» Milagrosamente uma vaga se abre bem na frente dele. Ele vira o rosto para o céu e diz: «Não se preocupe, acabei de achar uma vaga!»

Afinal, quando o povo é *schlemiel*, você acaba tendo um Deus *schlimazel*:

Havia um judeu muito piedoso chamado Goldberg, que sempre sonhara em ganhar na loteria. Todo sábado ele ia à sinagoga e rezava: «Deus, fui um judeu piedoso a vida toda. Seria tão ruim se eu ganhasse na loteria?»

Porém, a loteria era sorteada e Goldberg não ganhava. Semana após semana, Goldberg rezava para ganhar na loteria, mas a loteria era sorteada e Goldberg não ganhava.

Enfim, num *shabat*, Goldberg lamentou aos céus, dizendo: «Deus, fui piedoso tanto tempo, o que preciso fazer para ganhar na loteria?»

E os céus se abriram e a voz de Deus desceu: «Goldberg, me ajude a te ajudar. Para ganhar, pelo menos faça uma aposta antes.»

Mas nunca diga que as pessoas *nem tentam*:

Deus: Moisés, lembra-te de que, nas regras da alimentação *kosher*, nunca deves cozinhar um bezerro no leite da mãe. É crueldade.

Moisés: Aahhhhh! Então dizes que nunca devemos comer carne e beber leite junto.

Deus: Não, o que eu estou dizendo é que nunca deves cozinhar um bezerro no leite da mãe.

Moisés: Ah, Senhor, perdoa a minha ignorância! O que estás realmente dizendo é que devemos esperar seis horas para tomar leite depois de comer carne, para que os dois não estejam em nossa barriga.

Deus: Não, Moisés, o que eu estou dizendo é: não cozinharás um bezerro no leite da mãe!

Moisés: Ah, Deus, por favor, não me castigue por causa da minha burrice! O que quer dizer é que precisamos de louça separada para o leite, e louça separada para a carne, e se cometermos um erro temos de enterrar o prato do lado de fora...

Deus: Ah, faz o que achares melhor...

Assim, só porque a piada judaica tende a ser mais lógica do que espiritual, isso não significa que ela não seja séria – *inclusive* quando se trata de Deus. Talvez possamos vê-la, antes, como uma extensão da tradição judaica de alianças, que enxerga o homem em parceria com Deus. Ainda que seja uma parceria que dá ao homem, assim como dá a Deus, o direito de *kvetch*.

Qual a diferença entre uma piada boa e uma piada ruim?

Os judeus riem muito de Deus. Mas essa piada é lá muito piedosa? Na piada judaica, às vezes a piedade é fonte de sabedoria:

Um chasside vai ver o rabino.

«Rabi, sonhei que eu era o líder de trezentos chassidim.»

O rabino responde: «Volte quando trezentos chassidim tiverem sonhado que você era líder deles.»

Outras vezes, porém, ela escarnece da sabedoria:

Um homem se gabava de seu rabino: «Meu rabino é muito modesto quanto à sua piedade. Se ele come, é só para esconder dos outros que está fazendo jejum.»

Os que acreditam na comédia mencionam com frequência a força subversiva das piadas para manter nosso senso das proporções ridicularizando as pretensões dos poderosos. Mas é claro que sabemos que a piada é com a mesma frequência um instrumento *dos* poderosos para rir dos mais fracos. E também sabemos que, como as posições e as perspectivas constantemente mudam, trocam e se alteram, a identidade de quem é poderoso e de quem é fraco raramente é definitiva. Assim, se podemos ter o pleno direito de fazer graça de alguém um dia, no dia seguinte podemos estar abusando de uma vantagem injusta se fizermos a mesma coisa. Afinal, poucas enunciações são mais repletas de um privilégio sem freios do que a voz zombeteira de alguém que insiste, diante da dor de outra pessoa, que ela na verdade deveria ser capaz de «aguentar uma piada».

Portanto, o trabalho do comediante consiste em estimar o que está nas regras do jogo, o que é outro jeito de dizer que um humorista precisa compreender outro conceito escorregadio: justiça.[24] E o humorista precisa disso porque, vendo a época em que vive da maneira mais clara e sem preconceitos, ele pode aguçar seu *timing* para deixar suas apresentações mais engraçadas:

---

24 Interpretando um versículo do Eclesiastes, «E Deus buscará os perseguidos», os rabinos do Talmud sugerem que Deus está sempre mudando de posição, a fim de ficar do lado do perseguido e não do perseguidor, independentemente do caráter moral ou da identidade social da figura. [Trata-se de Eclesiastes 3:15, que nas traduções cristãs aparece de outra maneira. No texto inglês original deste livro, ele aparece como *And God shall seek the pursued*. (N. T.)]

Toda incrível realização da história da humanidade foi feita com escravos. Tudo, onde quer que você vá. «Como construíram as pirâmides?» Jogaram morte e sofrimento humanos nelas até acabarem. [...] Ainda hoje, como temos essas microtecnologias impressionantes? Só porque, na fábrica em que elas são feitas, as pessoas se jogam do telhado, tal o inferno que é aquela porra. Na verdade, você tem escolha: você pode ter velas e cavalos e ser um pouco mais gentil com o próximo, ou pode deixar alguém lá longe sofrer incomensuravelmente para você poder deixar um comentário maldoso no YouTube. *Louis C.K.* [25]

Claro que o (bom) comediante não imagina ser melhor do que a época que narra.[26] Porém o que ele provavelmente *entende* melhor do que a maioria é que ninguém pode dizer-se totalmente inocente quando ri:

Um nazista vê um judeu andando em sua direção.

Quando o judeu passa, o nazista diz: «Porco!»

O judeu cumprimenta-o com o chapéu e diz: «Cohen.»

---

25 Do especial de *stand-up* da HBO *Oh My God* (2013).

26 Louis C.K., em particular, faz da autoadmoestação dirigida contra suas próprias falhas morais um tema constante.

Ou:

Num restaurante recusaram-se a servir um velho judeu.

«Não servimos judeus aqui», disse o garçom.

«Não se perturbe com isso», respondeu o velho. «Eu não como judeus.»

Nenhuma dessas piadas me parece levar a gargalhadas. Mas, se virmos que a zombaria da *punchline* está em parecer-se com a tentativa original de uma difamação, podemos ver a piada como um meio de mostrar como um senso de humor perverso sempre pode receber sua paga.

O que tipifica um senso de humor perverso? Eu diria que é não entender o material com que trabalhar. E por material quero dizer *palavras*, escorregadias como uma casca de banana:

Noite passada jantei com meu pai, e tive um clássico ato falho freudiano. Quis dizer: «Passe o sal, por favor», mas o que saiu foi «Seu puto, você arruinou minha infância!»
Jonathan Katz

As palavras têm esse hábito engraçado de mudar de sentido para fazer com que o alvo da piada vire quem está contando a piada. É esse o motivo de a maioria das piadas que circulam parecerem sem autor, como se tivessem surgido autonomamente da nossa linguagem cotidiana para abalar o senso comum. De fato, é precisamente porque as piadas parecem fazer pouco de algo tão particular quanto a autoria que elas costumam ser amplamente intocadas por questões de *copyright* (é por isso que posso saquear as piadas reunidas nos livros dos outros para juntar meus exemplos favoritos no meu próprio livro). Então será que nossas piadas são indícios de que nossas palavras podem estar rindo *de* nós? Nesse caso, a linguagem seria exatamente como o Deus que ri quando você conta a Ele seus planos − o Deus que, como insinuou Heinrich Heine, é cheio de ironia.[27]

Talvez a diferença entre uma piada ruim e uma piada boa, portanto, seja parecida com a diferença entre o sarcasmo e a ironia. O sarcasmo faz graça sem se preocupar com a possibilidade de que haja algo não entendido ou não reconhecido no objeto de escárnio («É óbvio que tenho razão aqui»).[28] A ironia, porém, acena para o desconhecido e para o incognoscível, tirando as risadas

....

27 Heinrich Heine (1797-1856), poeta romântico alemão que nasceu numa família judia, mas que depois converteu-se ao luteranismo (o que não o impediu de sofrer ataques antissemitas e, depois, a demonização nazista), falava da «ironia de Deus» e da «ironia do grande poeta do palco do mundo lá em cima».

28 Embora aqui, por economia, eu alinhe o sarcasmo com o humor nominalmente «ruim», não nego que o sarcasmo seja muitas vezes merecido, nem que possa ser extremamente engraçado.

precisamente do ponto em que outras formas de representação, mais diretas, chegaram a seus limites. Assim, se o sarcasmo sugere uma atitude sabichona, a ironia, com a devida vênia a Sócrates,[29] encontra as risadas onde *sabe que nada sabe*:

Moskowitz e Finkelstein estão num café, tomando chá.

Moskowitz examinou a xícara e disse, suspirando: «Ah, meu amigo, a vida é como uma xícara de chá.»

Finkelstein considerou isso por um instante e disse em seguida: «Mas por que a vida é como uma xícara de chá?»

Moskowitz respondeu: «Como é que vou saber? Sou filósofo por acaso?»

---

29 O filósofo grego que Kierkegaard dizia ser a pessoa mais irônica do mundo.

Qual a diferença entre a comédia e a teologia?

Uma versão comum da pessoa tipicamente religiosa de hoje em dia é alguém com tantas vacas sagradas que fica ofendida o tempo todo. Um comediante, por outro lado, na imaginação popular, é alguém para quem nada é sagrado — é alguém que ofende em vez de ficar ofendido. E, no entanto, se existe uma coisa com a qual se *pode* garantir que vai ofender os comediantes, são vacas sagradas. Sejam piedades religiosas, esnobismos sociais ou a correção política, as vacas sagradas são como bandeiras vermelhas para o touro do comediante. Aliás, eles as atacam com zelo tão missionário que é quase como se alguma vaca sagrada deles próprios movesse seu iconoclasmo. Qual é então, podemos perguntar, a vaca sagrada do comediante?

No *shtetls*, Moishe estava na cama, morrendo. Levaram leite fresco da vaca para ajudá-lo a sentir-se menos acabado, mas ele estava fraco demais para dizer qualquer coisa. Talvez, pensou a filha, o álcool ajudasse. Ela colocou um pouco de uísque no leite e lhe deu. Moishe imediatamente se endireitou na cama e disse suas imortais últimas palavras: «Não venda a vaca!»

Ok, ok, então não é essa a vaca sagrada do comediante…

Um estudante rabínico está prestes a começar seu primeiro trabalho numa comunidade longínqua, distante de todo mundo que ele conhece. Ele pede a seu próprio rabino, um renomado estudioso do Talmud, algumas palavras finais de sabedoria antes de partir.

«A vida é uma fonte», diz-lhe o professor. O jovem rabino, que está embarcando numa carreira de sucesso imenso, fica comovido com a profundidade dessas palavras.

Muitos anos depois, ao saber que seu professor está morrendo, ele o visita uma última vez. «Rabi», diz ele, «tenho uma última pergunta para o senhor. Já faz muitos anos que, toda vez que estou triste ou confuso, digo a mim mesmo que "a vida é uma fonte" – palavras suas, de preciosa sabedoria –, e essa ideia sempre me ajudou a superar até os piores momentos. Porém, verdade seja dita, nunca realmente entendi o sentido desse adágio. Por favor, me diga: *por que* a vida é uma fonte?»

«Certo», diz o rabino, cansado. «Então a vida *não* é uma fonte.»

Isto é, às vezes uma piada é só uma piada. E não apenas isso: a aceitação de que a sorte, o acidente e a contingência devem ao menos ser considerados uma condição de possibilidade da piada. Porque, se os teólogos ficam tentados a ver tudo como parte de um plano divino, os comediantes encontram sua liberdade no direito de *não serem sérios* – e no gozo distintamente profano a ser tirado do espetáculo de um homem sério, de um homem de terno, que anda determinadamente para o trabalho quando, sem nenhum motivo aparente, escorrega e se vê estatelado no chão.

Ao admitir isso, porém, será que em algum momento podemos estar *totalmente* certos de quando uma escorregadela é apenas uma escorregadela, uma piada apenas uma piada, um beijo apenas um beijo, ou mesmo que um charuto é apenas um charuto? Foi Søren Kierkegaard, afinal, um dos maiores teólogos modernos, que, diante do infeliz de terno, inevitavelmente detectava a comédia divina: «[Quando] uma telha cai do telhado e o mata, então rio com gosto.»[30] E estando você ou não tentado a juntar-se a ele nesse riso desconcertante, é difícil deixar de notar a ironia ou a autocontradição de um ensaio costurado por piadas que tenta argumentar que a piada é o que recusa radicalmente o tipo de sentido ou de determinação que ela poderia esperar receber numa interpretação ensaística.

Assim, se existe alguma verdade na ideia de que um comediante é alguém preparado para transgredir leis, regras e razões – ou fazer *qualquer coisa* para obter uma risada –, existem mesmo assim limites para as liberdades que qualquer comediante desses provavelmente tomaria. Muitos comediantes, por

---

30 *Ou-ou: um fragmento de vida*, Parte 1 (1843).

exemplo, têm linhas que não cruzariam ou coisas que, parece-lhes, eles não podem dizer sem prejudicar a graça. Como diz Jerry Seinfeld ao padre, ele fica ofendido com a conversão do dentista não como judeu, mas como *comediante*. Porque nem todo mundo pode contar as mesmas piadas tão bem. Seu dentista, pensa Jerry, está adquirindo a «imunidade para contar piadas» por meios escusos – está se convertendo ao judaísmo não como credo, mas como senso de humor. E você não pode se converter a um senso de humor, pode? Quero dizer, por mais que quisesse, Jerry não pode fazer todas as piadas que Richard Pryor faz. Você não pode *se converter* à negritude, assim como não pode se converter à branquitude:

> As pessoas vivem me apresentando como «Sarah Silverman, comediante judia». *Detesto* isso! Queria que as pessoas me vissem como realmente sou – eu sou *branca*!

Ou será que pode?

Qual a diferença entre judeu e *goy*?

É assim que Lenny Bruce distingue:

Olha só: eu sou judeu. Count Basie é judeu. Ray Charles é judeu. Eddie Cantor é *goy*. B'nai B'rith é *goy*; Hadassah, judeu. Se você mora em Nova York ou em outra cidade grande, você é judeu. Não importa nem que você seja católico; se você mora em Nova York, você é judeu. Se você mora em Butte, uma cidadezinha de Montana, você vai ser *goy* mesmo que seja judeu.

Kool-Aid é *goy*. Leite em pó é *goy*, mesmo que os judeus tenham inventado. Chocolate é judeu, *fudge* é *goy*. Salada de frutas é judeu. Gelatina de limão, *goy*. Refrigerante de limão é muito *goy*.

Todas as Drakes' Cakes são *goy*. O pão de centeio é judeu, e, como vocês sabem, o pão branco é muito *goy*. Purê de batatas instantâneo, *goy*. Refrigerante de cereja preta, muito judeu, *macaroons*, muito judeu.

Os negros são todos judeus. Os italianos são todos judeus. Os irlandeses que rejeitaram sua religião são judeus. As bocas são muito judias. E os colos. Girar bastões é muito *goy*.

Roupas de baixo são definitivamente *goy*. Testículos são *goy*. Os seios são judeus.

Celebrar é uma palavra *goy*. *Observar* é uma palavra judia. O sr. e a sra. Walsh estão celebrando o Natal com o major Thomas Moreland, da Força Aérea Americana (reformado), ao passo que o sr. e a sra. Bromberg observaram Hanukkah com Goldie e Arthur Schindler, de Kiamesha, Nova York.

Bruce, suspeita-se, *quase* teria conseguido se safar fazendo as piadas de Richard Pryor.[31] Afinal, o que ele está sugerindo nesse esquete é um jeito todo novo de fazer a distinção. Nem judeu nem *goy* são categorias absolutas – por isso você pode se incluir no grupo judeu das diferenças se gostar do *shtick* de Bruce e se rir de suas piadas.

Podemos presumir que é do mesmo modo que você pode se converter à negritude. Ou à branquitude. Ou ao senso de humor. Aliás, por que não ir ainda mais longe? Talvez converter-se ao senso de humor *seja* o meio mais autêntico de conversão. Afinal, não é o momento em que alguém *entende* nossas piadas ou acha engraçadas as mesmas coisas que nós que implicitamente *reconhecemos* que somos do mesmo tipo? (Notemos que, antes de chegar aos anais das piadas judaicas, a vaca que misturava uísque ao leite começou numa

---

31 E vice-versa. Richard Pryor certa vez disse que devia sua carreira a Lenny Bruce: «Eu ouvia o disco dele várias vezes, toda noite. Foi ele quem disse que a comédia não era contar piadas – era dizer a verdade.»

fazenda irlandesa, numa piada a respeito de uma madre superiora moribunda, cercada de freiras que já mostravam seu talento para servir mais de uma ordem de espíritos elevados.)

E o sentido de Bruce de seu próprio tipo judeu era do tipo nervoso, do tipo vulnerável, do tipo disposto a mostrar que você é falho, humano e mortal. Então ele teria provavelmente concordado com o dentista de Jerry a respeito da força de sustentação do humor. Isto é, se Bruce *podia* reparar em suas próprias reclamações por toda parte, era porque ele reconhecia algo crucial no que é engraçado – em como ele sempre contém alguma história oculta de sofrimento enterrada dentro dele:

Um negro estava lendo um jornal em iídiche no metrô de Nova York.

Alguém parou e perguntou: «O senhor é judeu?»

«*Oy gevalt*», respondeu ele. «Era só o que me faltava.»

Como senso de humor com certeza é o que lhe falta, porém, ele é um homem que faz todo sentido na piada judaica.

«Todo negro», confessa o narrador do romance extremamente engraçado *O vendido* (*The Sellout*, 2015), de Paul Beatty, secretamente pensa que pode «fazer piadas» melhor do que todo mundo. E o romance nos diz por quê: por causa do sofrimento, da dor, da impotência, da agressão e da raiva desviadas embutidas nisso. É isso, aliás, que fica muito nítido na conclusão do romance, que termina numa apresentação de *stand-up* em que um comediante negro censura o casal branco na primeira fila por rir de suas piadas. Numa interrupção invertida que é totalmente séria, embora o casal de início presuma que ele deva estar brincando, ele manda que eles «vão embora, porra!» porque «Aqui é só da gente!». O problema do casal branco rindo junto com a apresentação, segundo dá a entender o comediante, é que eles na verdade não *sacam* do que estão rindo. E o mesmo se pode dizer, naturalmente, dos brancos que riem ao ler o romance de Beatty. Todavia, a pergunta subsequente do narrador – «Então o que exatamente é *só* da gente?» – parece um pouco mais dúbia do que o comediante quanto às regras do pertencimento. O que, pode-se argumentar, é o que Bruce quer dizer: assim como o humor é escorregadio, também seus destinatários devem ser escorregadios. Pois, se é verdade que piada nenhuma pode ser para todos – e a piada sempre dependerá de alguém «estar por dentro» e outro alguém ficar de fora, o *stand-up*, sendo uma apresentação «viva», não pode ter garantias de antemão quanto a quem vai achá-la engraçada – se é que alguém vai.

Devemos acrescentar: não que a comédia seja a única válvula de escape criativa para o sofrimento histórico:

Viemos da mesma história – dois mil anos de perseguição – apenas expressamos nossos

sofrimentos de maneiras diferentes. Os negros criaram o *blues*. Os judeus reclamaram – nunca pensamos em musicar as reclamações.
Jon Stewart

Qual a diferença entre esportes e piadas?

Voltemos à analogia de que falamos entre pessoas religiosas e comediantes, que agora está começando a fazer mais sentido – afinal, se o religioso parece um tipo de extremista, o comediante parece outro. Foi Lenny Bruce quem abriu caminho, transformando a comédia *stand-up* numa espécie de esporte radical. E ainda bem, porque os judeus, em geral, não são muito bons nos esportes:

A Universidade Yeshiva decidiu inscrever uma equipe num torneio de remo. Infelizmente, a equipe perdia uma competição atrás da outra. Ela treinava por horas todos os dias, mas só conseguia terminar em último lugar.

O rabino-chefe enfim decidiu mandar Yankel para espionar a equipe de Harvard. Então Yankel foi a Cambridge e se escondeu nos juncos do rio Charles, de onde ele cuidadosamente observou o treino da equipe de Harvard.

Yankel por fim voltou a Yeshiva. «Entendi o segredo deles», anunciou. «Oito caras ficam remando e só um cara fica gritando.»

Daria para dizer que a fala radical é o *objetivo* do atleta judeu:

O rabino adorava golfe e jogava sempre que podia. Era tão viciado no jogo que, se não jogasse, teria sintomas de abstinência. Num Yom Kippur, o rabino pensou: «Qual o problema de eu dar uma saidinha durante o recesso e jogar umas partidas? Ninguém vai saber, e vou voltar a tempo da cerimônia.»

Como era de se esperar, ao fim da cerimônia da manhã, o rabino fugiu da sinagoga e foi direto para o campo de golfe. Vendo a cena lá de cima, estavam Deus e Moisés.

Moisés disse: «Veja, que horror. Um judeu, no Yom Kippur. E rabino ainda por cima!»

Deus respondeu: «Preste atenção. Vou dar uma lição nele.»

No campo de golfe, o rabino foi até o primeiro *tee*. Quando acertou a bola, ela ricocheteou numa árvore, bateu numa pedra, quicou num lago e caiu no buraco. Foi uma TACADA PERFEITA!

Vendo tudo isso, Moisés protestou: «Deus, é assim que o Senhor vai dar uma lição nele? Ele deu uma tacada perfeita!»

«Claro», disse Deus. «Mas ele vai contar para quem?»

Porém, se não poder contar é a punição mais cruel para um judeu que se entregou a um prazer proibido, contar as coisas que você *não* pode contar é um prazer proibido em si.

Basta apenas considerar o prazer de violar um tabu que havia numa apresentação de Lenny Bruce. Em seu grande romance *Submundo* (*Underworld*, 1997), o autor americano Don DeLillo captura essa atmosfera imaginando uma cena em que Bruce se apresenta na Califórnia durante a crise dos mísseis cubanos. A apresentação tem apenas uma «piada», mas ele fica repetindo e repetindo essa mesma piada, provocando um riso cada vez mais nervoso:

«*Vamos todos morrer!*»

Hahahahahahahahaha.

Trevas, morte, guerra, o desconhecido, o incognoscível – é daí que vem o riso nervoso. E tanto o judeu quanto o comediante estão familiarizados com ele. Os dois sabem o que é se apresentar perante multidões hostis, sempre com o objetivo de tentar cativar a plateia. Ambos sentiram a necessidade de adaptar constantemente suas apresentações e de encontrar uma resposta imediata para quem quer interrompê-los. E ambos também reconhecem as consequências mais fatais de não serem aprovados. Os judeus sabem disso até a medula (do riso). E uma noite ruim para um comediante é aquela em que ninguém acha graça do *shtick* dele. Quando isso acontece, como diz o comediante, ele «morre».

E POR FIM...

Qual a diferença?

Na Páscoa, os judeus perguntam: «Por que esta noite é diferente de todas as outras noites?» Mas *será* que é mesmo tão diferente? Pelo menos não sob um aspecto: perguntar por que algo é diferente de outra coisa *não* é particularmente fora do comum para os judeus.

Se existe algo de que os judeus gostam, é saber qual é a diferença. O que é *kosher* e o que não é? Com leite ou com carne? Circuncidado ou não circuncidado? Sede ou diabetes? Nas *yeshivás* (escolas religiosas), os judeus estudam o Talmud e a lei, sempre de olho nas mais minuciosas distinções entre coisas aparentemente similares. Às vezes a diferença se resume apenas à maneira como você formula a pergunta:

Dois alunos de *yeshivás*, Yankel e Moshe, estão discutindo se é permitido fumar enquanto estudam a Torá. Eles discordam. Yankel diz: «Vou perguntar ao rabino.»

Yankel: «Rabino, é permitido fumar enquanto se estuda a Torá?»

O rabino afirma com voz severa: «Não!»

Moshe: «Rabino, permita-me fazer outra pergunta. Podemos aprender a Torá enquanto fumamos?»

O rabino, benevolente: «Sim, claro!»

Mas outras vezes as diferenças são mantidas de maneira mais estrita:

Um casal judeu ortodoxo moderno, que se prepara para um casamento religioso, encontra seu rabino. O rabino pergunta se eles têm alguma última pergunta antes de ir embora.

O homem pergunta: «Rabino, entendemos que a tradição é que na recepção os homens dancem com os homens, e as mulheres com as mulheres. Mas gostaríamos da sua permissão para dançar juntos.»

«De jeito nenhum», diz o rabino. «É falta de decoro. Homens e mulheres sempre dançam separados.»

«Então nem depois da cerimônia posso dançar com a minha própria esposa?»

«Não», respondeu o rabino. «É proibido.»

«Certo, tudo bem», diz o homem. «Mas e o sexo? Podemos enfim fazer sexo?»

«Claro!», responde o rabino. «O sexo é uma *mitzvah* dentro do casamento.»

«E em posições diferentes?», pergunta o homem.

«Sem problemas», diz o rabino. «É uma *mitzvah*!»

«Com a mulher por cima?», pergunta o homem.

«Claro», diz o rabino. «Mandem ver!»

«De quatro?»

«Com certeza! Outra *mitzvah*!»

«Na mesa da cozinha?»

«Sim, sim! Uma *mitzvah*!»

«E de pé?»

«De pé não», diz o rabino.

«Por que não?», pergunta o homem.

«Vocês podem acabar dançando!»

Essa obsessão por saber a diferença perfaz grande parte da reclamação de Alexander Portnoy contra uma família infindavelmente dedicada a não ficar atrás dos Cohen e a notar qual sua diferença dos vizinhos não judeus – isso para nem falar de seu esforço em não ficar atrás dos vizinhos não judeus e saber como eles são diferentes dos Cohen. E era precisamente esse tipo de marcação de pontos que Freud também identificou e denominou «o narcisismo das pequenas diferenças» (ficar se exibindo). Lenny Bruce, por outro lado, distingue de outro jeito o judeu e o *goy* – mas ainda assim a questão é que ele *diz* a diferença.

Entretanto, se «como saber a diferença?» é a questão judaica por excelência, ela também é, como vimos, a questão padrão de várias piadas clássicas. Será que *isso* não é revelador? A piada que contamos antes, por exemplo, a respeito da diferença entre um judeu e um antissemita…

O antissemita acha que os judeus são uma raça desprezível, mas o Cohen? Olha, o Cohen tudo bem. O Kushner? Sujeito excelente. O judeu, por outro lado, acha que seu povo é uma luz para as nações, mas o Cohen? Não passa de um *schmuck*! E o Kushner? Nem me fale do Kushner!

... é uma piada que tira seu humor do fato de que essa diferença acaba sendo surpreendentemente sutil. Ainda assim, é justamente a aparente pequenez da diferença que nos mostra por que a piada é judia e não antissemita. Afinal, se o antissemita pode imaginar que categorias e pessoas são tão completamente opostas que não têm rigorosamente nada a ver umas com as outras, a piada judaica entende que todo eu é fraturado e permeado de alteridade. Todos são partidos por algo inassimilável ou estranho: o senso de diferença que põe cada um de nós num eterno ato duplo com todos os outros, incluindo os outros que posam como nós mesmos. Considere, por exemplo, as palavras do Capitão Spaulding, interpretado por Groucho Marx no filme *Os Galhofeiros* (*Animal Crackers*, 1930):

> Spaulding: Veja só, eu conhecia um sujeito exatamente igual a você, chamado... como era... Emanuel Ravelli. Você é irmão dele?
> Ravelli: Sou eu Emanuel Ravelli.
> Spaulding: Você é Emanuel Ravelli?
> Ravelli: Sou eu Emanuel Ravelli.
> Spaulding: Bem, não admira que vocês se pareçam... Mas ainda insisto: há uma semelhança.

Aquilo que as piadas judaicas revelam constantemente é bem parecido: há sempre alguma espécie de duplicidade em jogo na identidade judaica, assim como há no próprio humor ou na própria linguagem. E é essa duplicidade que faz até da verdade uma espécie de mentira («Você está dizendo que está indo para Minsk, e por acaso eu sei que você *está* mesmo indo para Minsk, então por que você está mentindo para mim?») que provavelmente é o que há de tão engraçado na verdade – o motivo pelo qual ela nos faz rir.

Qual é, então, a diferença entre uma pessoa judia e um comediante? Trata-se simplesmente de uma questão de distinguir o peculiarmente engraçado do haha engraçado? Ou será que esses dois tipos de engraçado são tão inseparáveis quanto Laurel e Hardy, Laverne e Shirley[32] ou qualquer outro número de dupla de comédia ao estilo *schlemiel/ schlimazel*? Além do mais, será que sequer podemos *dizer* se é do bode expiatório ou do cara certinho que estamos rindo? E se o haha engraçado dos vários deslizes do *schlemiel* forem na verdade só uma cobertura para expor como o cara supostamente «certinho» é peculiarmente engraçado?

Afinal, até mesmo Emanuel Ravelli está apenas *posando* de Emanuel Ravelli. E até mesmo aquelas coisas em que mais intensamente gostaríamos de acreditar que são

---

32 Laverne e Shirley eram as estrelas de uma comédia da TV americana das décadas de 1970 e 1980, cuja música-tema começava: «Um, dois, três, quatro, cinco, seis, sete, oito, *schlemiel, schlimazel*».

inquestionáveis, universais e completamente não marcadas por diferenças tendem a nos enganar:

Um professor de matemática não judeu arruma um emprego numa escola primária judaica.

«Você está preocupado de algum modo, já que não é judeu, porque vai dar aulas para crianças judias?», perguntou o chefe dos professores.

«Nem um pouco», diz o professor. «Eu dou aula de matemática, e a matemática desconhece credo, cor, idade e gênero. Ela é uma linguagem universal, e é por isso que é bela.»

No dia seguinte, o professor dá sua primeira aula. Ele desenha um diagrama no quadro-negro e pergunta: «O que são 2%?»

Nesse momento, um garotinho na primeira fila mostra as palmas da mão, dá de ombros e admite: «Você tem razão?»[33]

Existem muitas, muitas coisas que se poderiam encontrar para dizer a respeito de um garoto para quem a matemática é apenas outro vernáculo – um conjunto de regras mais práticas do que platônicas, uma linguagem de meios-termos, de toma lá dá cá – mas essa piada não trata de matemática, assim como a piada sobre conversão não

---

33 A maioria das piadas fica melhor em voz alta, sobretudo esta.

trata do cristianismo, ou a piada das filas, do comunismo. Antes, o que todas essas piadas judaicas têm em comum é a convicção de que afirmações universais, sejam feitas em nome da religião, da política, da ciência ou mesmo do golfe, sempre deixam alguém de fora – alguém que vê ou ouve as coisas de um jeito diferente:

Na Universidade Columbia [esta se pretende uma anedota real], o grande linguista J. L. Austin uma vez deu uma palestra sobre a linguagem na qual explicou quantas línguas usam a negativa dupla para denotar um positivo – «ele não é dessemelhante à irmã», por exemplo. «Porém não existe língua em que o equivalente seja verdadeiro», disse Austin. «Não existe língua que use uma dupla positiva para denotar um negativo.» Nesse momento, pôde-se ouvir o filósofo Sidney Morgenbesser, sentado no fundo do auditório, escarnecendo: «Pois é, pois é.»

Saber qual a diferença, em outras palavras, é um modo de dizer a verdade *a respeito* da linguagem – a respeito de como a linguagem é *apenas* diferença:

Antes da guerra, houve uma grande convenção internacional de esperanto em Genebra. Os estudiosos do esperanto vieram do mundo inteiro apresentar trabalhos a respeito da ideia de uma língua internacional, e elogiá-la. Cada país do planeta estava sendo representado na convenção, e todos os trabalhos eram apresentados em esperanto. Depois que a longa conferência enfim terminou, os grandes estudiosos ficaram vagando amigavelmente pelos corredores, e por fim sentiram-se seguros para conversar relaxadamente entre si em sua língua internacional: «Nu, vos macht a yid?»

Para quem sabe, esse é um «como você vai?» em iídiche. De fato, o esperanto, outro sonho moderno utópico de um sistema universal – nesse caso, o sonho de uma linguagem universal – foi inventado por um judeu polonês, L. L. Zamenhof.[34] O que pensar disso, então? Que somente aqueles que foram obrigados a *sentir* suas diferenças sonhariam esses esquemas desmiolados para superá-las...?

É possível. E, no entanto, outro filósofo judeu, Jacques Derrida, acha que as diferenças *não* podem ser superadas. De fato, para Derrida, *toda* linguagem fala de diferenças (e até a palavra *difference* é uma palavra que ele declina com uma diferença semântica sutil, grafando-a «différance»). Apropriadamente, eis sua abordagem de outra piada judaica clássica:

Três pessoas estão isoladas numa ilha: um alemão, um francês e um judeu, totalmente

---

34 Também responsável por redigir a primeira gramática publicada de iídiche.

sozinhos na ilha. Eles não sabem quando irão sair de lá, e estão entediados.

Um deles diz: «Bem, temos de fazer algo. Deveríamos fazer algo, nós três. Por que não escrevemos algo sobre os elefantes?» Havia alguns elefantes na ilha. «Todos escrevem algo sobre os elefantes, e então comparamos os estilos e as línguas», e daí por diante.

Assim, uma semana depois, veio o francês, com um ensaio breve, brilhante e espirituoso sobre o instinto sexual, ou apetite sexual, dos elefantes; um ensaio muito breve, inteligente e brilhante, muito, muito superficial, mas muito brilhante. Três meses ou três anos depois disso, o alemão chegou com um livro pesado sobre... digamos, um livro científico muito positivo sobre a comparação entre duas espécies, com um título muito científico, um título infindável para um livro científico muito positivo sobre os elefantes e sobre a ecologia dos elefantes na ilha. E os dois perguntaram ao judeu: «E então, quando é que você vai nos dar seu livro?»

«Esperem, estou tratando de uma questão muito séria. Preciso de mais tempo.»

E eles iam todo ano perguntar sobre o livro dele. Finalmente, depois de dez anos, ele apareceu com um livro chamado «O elefante e a questão judaica».

Diante da questão judaica, a questão da própria diferença, você sempre tem de diferir a resposta (a «*différance*» de Derrida é um amálgama de *diferença* e *diferimento*). Você sempre precisa de mais tempo – tanto tempo, aliás, que a questão judaica fez da história judaica uma espécie de anedota rocambolesca:

Um jovem judeu francês levou as calças para que o alfaiate as consertasse. Porém, no dia seguinte a França foi ocupada e era perigoso demais para os judeus aparecerem em público. Ele se escondeu no *underground*. Logo se envolveu com a resistência. Acabou conseguindo entrar num navio e fugir dos campos da morte da Europa. Fixou residência em Israel. Dez anos depois, voltou à França. Enquanto se vestia, pôs a mão no bolso da calça e encontrou o recibo das calças dado pelo alfaiate. Foi procurar a loja e, impressionantemente, ela ainda estava lá. Entregou ao alfaiate o recibo e perguntou: «Minhas calças estão aqui?»

«Sim, claro», respondeu o alfaiate. «Estarão prontas na terça.»

E, no entanto, o fato de que a questão judaica, assim como a piada judaica, persiste, vendo-se constantemente repetida e reciclada, como se mudança nenhuma de tempo, de lugar ou de entidade política pudesse fazer a mínima diferença, também é motivo para um tipo muito judaico de otimismo:

Na véspera do Dia do Perdão, quando se pede a todos os judeus que busquem o perdão, dois judeus que se detestam veem-se no *shul*.

Um se aproxima do outro e diz: «Desejo a você tudo o que você me desejar.»

O outro responde: «Mas você *já* começou de novo?»

Nunca esqueça do pum de Dropkin! Porque é uma piada imaginar que a ficha possa um dia voltar a ser tão limpa, assim como é tolice presumir que hostilidades podem ser facilmente encerradas ou diferenças simplesmente superadas. E as piadas judaicas todas rendem homenagem a esse mundo: um mundo que é complicado, não homogêneo e cheio de diferenças inconciliáveis.[35] Mas pois é, pois é, quem disse que a repetição *não* faz diferença? Afinal, embora ele possa perfeitamente ter abandonado toda esperança de reconciliação por achar seu rival *in*suportável, cada homem na piada do Yom Kippur de fato *suporta* brevemente o outro. E não é precisamente essa união de suportável / insuportável num espaço íntimo, onde você não nega suas contradições, confusões e diferenças, a dinâmica que opera em toda boa piada?

Assim como cócegas não são carinho, o riso tem algo de agressivo em si. Porém, dada a capacidade do engraçado de sustentar diferenças, contradições e incertezas, em vez de buscar sua obliteração, ele é geralmente

----

35 É por isso que a presença cada vez maior do humor judaico no *mainstream*, especialmente americano, não deve ser entendida como uma tendência à universalização da piada, mas deve antes ser entendida ao contrário: como sinal de que cada vez mais pessoas talvez estejam se sentindo forasteiras.

um modo melhor de lidar com a agressão do que as alternativas. Assim, se os judeus, em certos momentos de sua história, desenvolveram uma apreciação particular pelo lado engraçado, isso aconteceu provavelmente porque eles precisaram mitigar os terrores de um mundo no qual as diferenças não são mais toleradas.[36] Basta olhar o destino da «questão judaica», por exemplo. As questões enfrentadas pelos judeus pós-iluminismo – «Qual a natureza da sua identidade? O que os une como grupo? O que os torna diferentes?» – se mostraria incrivelmente perigosas porque os judeus não conseguiram respondê-las de um modo que pudesse satisfazer seus interrogadores. *O que*, seus interrogadores queriam saber, eles estavam escondendo? Afinal, nada provoca mais a agressão do que a sensação de que aqueles que você acha engraçados (peculiares) devem estar compartilhando alguma espécie de piada secreta com os outros (haha). E pouca coisa é pior do que a ideia de que outras pessoas podem estar secretamente, ou nem tão secretamente assim, rindo *de* nós.

Tanto é que os comediantes judeus tenderam a proteger-se com a autodepreciação – porque eles *entendem* o que há de nervosismo no riso. De fato, se o Lenny Bruce de Don

---

36 Claro que existem muitos judeus que nem fazem piadas nem riem das piadas. Essa falta de humor merece sua própria explicação histórica, embora não seja meu objetivo oferecê-la aqui.

DeLillo inspira risadas cada vez mais nervosas ao dizer «Vamos todos morrer!» repetidas vezes, Jackie Mason, rabino que virou comediante, também conseguiu tirar risadas ensandecidas de suas plateias dizendo repetidamente apenas uma palavra:

Judeu. Judeu. Judeu. Judeu. Judeu.

Claro que, para Mason, não há tanta diferença entre um judeu e uma piada. Não quando é possível reduzir seu número a essa palavra solitária, repetindo-a várias vezes até que a plateia inteira esteja histérica. Ou, então, todos os judeus estão rindo, e todos os não judeus estão se perguntando de que raio de coisa os judeus estão rindo («Hmmm, eu sempre *soube* que havia algo engraçado com essas pessoas peculiares»).

Mas por que a palavra *judeu* às vezes é engraçada? Afinal, se a mesma «piada» fosse contada por um não judeu, não seria um tipo bem diferente de plateia que estaria rindo dela? A palavra ou a piada seria exatamente a mesma, mas essa comédia não seria agora uma espécie de discurso de ódio? Então quem decide quando a palavra *judeu* é ou não é uma piada? E como saber a diferença entre essa palavra quando dita por um comediante judeu e dita por um comediante antissemita?

Trata-se de uma versão da questão judaica que foi mais ou menos levantada por outro comediante (em parte judeu, mas principalmente católico não praticante), Louis C.K. «Judeu», observa ele, é «a única palavra que você pode usar para denominar educadamente um grupo de pessoas e ao mesmo tempo para xingar o mesmo grupo [...] É a mesma palavra, só que com um fedorzinho nela ela se torna um jeito horrível de denominar uma pessoa». Assim, um tanto como Mason, e com riso analogamente irreprimível, C.K. também tentou o «judeu» bom e mau com as plateias:

Judeu. *Judeu*. Judeu. *Judeu*. Judeu.

Mas é justamente porque ele a enuncia dos dois modos que não precisamos recear que sua piada de judeu seja antissemita.

Para mim, porém, a mais perfeita ilustração dessa mesma «piada» judaica vem do Twitter de um comediante britânico, David Baddiel, cujo perfil o identifica simplesmente assim:

No perfil: *Judeu*.

E essa aparente banalidade tem o estranho efeito de funcionar como uma espécie de teste de Rorschach para as multidões on-line: ao mesmo tempo literal e desconcertante, ela de algum modo consegue *trollar* os *trolls* antes mesmo que eles cheguem ao local. Aliás, é difícil um perfil no Twitter ficar mais engraçado do que isso. Assim, em seu show de *stand-up My Family: Not the Sitcom* (2016), Baddiel faz a plateia gargalhar de apreciação quando projeta uma imagem de sua bio do Twitter numa tela grande. Não é necessário, em outras palavras, seguir a convenção e citar sua profissão de «comediante» – quando ele se diz «judeu», já sabemos que ele é comediante. Tanto é que os judeus, como confirma Sacha Baron Cohen, outro comediante britânico, «têm uma tendência a *se tornarem* comediantes».

Para nos ajudar a decifrar esse quebra-cabeça, em que a mesma palavra ao mesmo tempo é uma piada e não é uma piada, uma cordialidade e um xingamento, podemos tentar distinguir entre o «judeu» judaico e o «judeu» antissemita assim: um antissemita pretende saber exatamente o que quer dizer com a palavra *judeu*, sempre com a intenção de provocar escárnio ou riso, já os judeus não conseguiriam dizer o que significa *judeu*: eles só sabem que é engraçado. E o que os judeus acham que há de particularmente engraçado nisso está ligado ao pressuposto de que eles devem ter alguma espécie de conhecimento de quem está por dentro quanto a *por que* é engraçado. É a ideia de que *eles* sabem qual é a diferença que os faz rolar de rir. Porque eles não têm a menor ideia! Assim, saber que você *não* sabe o que significa judeu é o que o torna judaico, assim como a repetida descoberta daquilo que você constantemente não consegue saber – especialmente quando é algo que, tecnicamente, você *sabe* – «Vamos todos morrer!» – é o alimento infalível da piada persistente. Em outras palavras, o haha pode nos fazer rir, mas é o peculiar que nos faz gargalhar. Ou como disse certa vez o romancista Saul Bellow:

> Nas histórias judaicas, o riso e o tremor estão tão curiosamente misturados que não é fácil determinar a relação entre os dois.[37]

Essa curiosa mistura inevitavelmente vai render muitas risadas de nervoso, *kkkkkkk*. Mas isso não é tudo. Não saber a diferença entre riso e tremor também rende outra coisa: o som estremecedor de um riso que, em certos momentos da vida e da história, não sabe exatamente distinguir-se de uma oração.

PUNCHLINE
Oy vey! *Olha só* quem acha que sabe que não sabe nada.

---

37 Citado por Irving Howe em sua introdução a *Jewish American Stories* (1977).

Biblioteca Âyiné

1 Por que o liberalismo fracassou?
Patrick J. Deneen
2 Contra o ódio
Carolin Emcke
3 Reflexões sobre as causas da liberdade
e da opressão social
Simone Weil
4 Onde foram parar os intelectuais?
Enzo Traverso
5 A língua de Trump
Bérengère Viennot
6 O liberalismo em retirada
Edward Luce
7 A voz da educação liberal
Michael Oakeshott
8 Pela supressão dos partidos políticos
Simone Weil
9 Direita e esquerda na literatura
Alfonso Berardinelli
10 Diagnóstico e destino
Vittorio Lingiardi
11 A piada judaica
Devorah Baum

Composto em Baskerville e Helvetica
Impresso pela gráfica Formato
Belo Horizonte, 2021